La vida ignota de Jesús Cristo

La vida ignota de Jesús Cristo

Pedro Oscar Bachoir Villegas

Rosario Caparó

www.librosenred.com

Dirección General: Marcelo Perazolo
Dirección de Contenidos: Ivana Basset
Diseño de tapa: Cinzia Ponisio
Diagramación de interiores: Florencia N. Acher Lanzillotta

Está prohibida la reproducción total o parcial de este libro, su tratamiento informático, la transmisión de cualquier forma o de cualquier medio, ya sea electrónico, mecánico, por fotocopia, registro u otros métodos, sin el permiso previo escrito de los titulares del Copyright.

Primera edición en español - Impresión bajo demanda

© LibrosEnRed, 2008
Una marca registrada de Amertown International S.A.

ISBN: 978-1-59754-348-4

Para encargar más copias de este libro o conocer otros libros de esta colección visite www.librosenred.com

Yo no soy solamente un hombre,
sino un Dios perfecto y un hombre perfecto.
Y he sido elevado hacia los serafines.
Y soy eterno, y no hay más Dios que Yo.
Y me he convertido en el Salvador
de los hombres, por virtud de mi amor
hacia ellos.
Y vivo en toda hora, siempre y eternamente.[1]

                                Apotegmas de Jesucristo

El auténtico rostro de Cristo reproducido quasi ascáricamente de la Sábana Santa por científicos de la NASA

A los que no creen o dudan de la desdoblante dúo-existencia de Jesucristo Santo, ubicuo viviente.

De modo especial, nuestro agradecimiento a:

José Alejandro Bachoir C., por su utilísimo obsequio, La nueva concordancia Strong exhaustiva.

Oscar Iván Bachoir O., por habernos facilitado bibliografía sobre los manuscritos del mar Muerto, el Evangelio según Tomás, el Evangelio árabe de la infancia, el Evangelio armenio de la infancia y la sinopsis Jesús vivió y murió en Cachemira, de Andreas Faber-Kaiser.

Jean Peter Bachoir O., por haber puesto en nuestras manos El Protoevangelio de Santiago, El Evangelio de Nicodemo, la correspondencia entre Jesús y Abgaro, rey de Edesa, y Poncio Pilatos.

Prelusión

Inicialmente, el plan esquemático genérico de *La vida ignota de Jesús-Cristo* fue llenar el vacío que –en los cuatro evangelios canónicos– dejaron inexplicablemente San Mateo, San Marcos, San Lucas y San Juan sobre la vida de adolescencia y juventud de Jesús de Nazaret. Mas, según y conforme fuimos profundizando la investigación temática, se nos presentó inusitadamente *la vida de la infancia de Jesús*, capítulo desconocido en el mundo seglar, que para los que no creen será interesante leyenda, pero para los que sí creen será toda una verdad; sin embargo, lo desarrollamos de tal manera que no nublara la luz que debería iluminar el capítulo concerniente al gran enigma: la revelación de la *vida oculta* de Jesús, de los trece a los veintinueve años de su existencia física, pues resulta inconcebible que, después de haber pasado dos mil años, y ahora que la humanidad ha penetrado raudamente en la era del conocimiento, se siga sosteniendo, infundadamente, que Jesús residió permanentemente en Galilea durante ese período, cuando la verdad –la pura verdad– es que Jesús no residió en Nazaret, sino en el Medio Oriente, y que, después de los veintisiete años de edad, tornó a Palestina, pero no a Nazaret, sino a Qumran, cerca de Engadi, a orillas del mar Muerto y, ulteriormente, retornó a Nazaret, cuando estaba por alcanzar sus tres décadas de vida.

Con respecto a su *vida pública*, en la cual, históricamente, se ha incidido tanto y en diferentes formas, al punto de que se ha llegado al borde de la metonimia o de la hipérbole, que nosotros hemos rectificado con una visión menos ficticia, con innovaciones epistolares –inéditas– que dan a conocer, con certidumbre, la auténtica personalidad, imagen y etopeya del Salvador, para pasar, luego, episódicamente, a su juzgamiento y tormento, según las *Actas indubitables de Pilatos* –otra revelación sin precedentes–, y tal como fue, su verdadera pasión y ulterior deceso.

A partir de la muerte de Cristo, penetramos en la ultradimensión escatológica: la resurrección de los muertos, su descenso a los Infiernos –al que hace referencia la oración del *Credo*– y su gloriosa resurrección.

Finalmente, desde la vertiente ontológica, hemos elucubrado una sintética teoría metafísica sobre la bifacética naturaleza divino-humana de Jesucristo, descomponiendo constructivamente el anagrama:

JCHDS

Desde el prisma de la **forma**, la profusión de citas y notas no constituye una magnificación, sino el **sustento académico real** que fundamenta el contexto integral del libro y sobrecarta cualquier intención inventiva –o novelística–, sin prescindir de una concepción teorética original, matizada tanto con fragmentos evangélico-canónicos como paracanónicos –que promueve paralelamente la Nueva Escuela Teológica Americana–, con preponderancia del Evangelio de Nicodemo, dada su realidad histórica y fidedigna, todo ello coronado con una cita del Evangelio de San Pedro, que por su trascendencia supraesotérica resulta insoslayable.

Oscar Bachoir
Rosario Caparó

Introito

La vida ignota de Jesús-Cristo, aunque aparente lo contrario, no es una apología, un panegírico o un catequismo doctrinal de Jesús de Nazaret, sino algo mucho más profundo: una **metafísica**, la supra-dúo-realidad de Jesucristo.

Históricamente, se le ha visto como el fundador de la religión cristiana y, telésicamente, como el **Santo infalible**: el que desvanece las adversidades humanas y prodiga milagros a los creyentes.

El enigma –velado– de su vida juvenil ha sido como la tiniebla que desaparece ante la luz del sol del amanecer.

Su juzgamiento, pasión, muerte y resurrección han sido generalmente inmeditadas a lo largo de los siglos, absorbidas e impuestas consuetudinariamente. Recién a fines del siglo XIX y en el siglo XX se comienza a reflexionar y a realizar estudios científicos sobre algunos de esos aspectos.

Así, Ernest Bosc sostiene que "Jesús vivió unos cuarenta años más después de su crucifixión. Descendido de la cruz después de seis o siete horas, está científicamente comprobado que Cristo no murió en la cruz, puesto que los reos expiraban tres, cuatro o cinco días después."[1]

Pero quien extrema esta teoría es Andreas Faber-Kaiser con su libro *Jesús vivió y murió en Cachemira*, tesis que nosotros recusamos, basados en los evangelios canónicos y paracanónicos que atesoran la verdad –ontológica– de Dios, pues Cristo es contundente en la respuesta que da a Nicodemo:

> "Si os he dicho cosas terrenas y no creéis, ¿cómo creeréis si os dijere las celestiales?"[2]

Retomando la notoria omisión sobre la vida de juventud de Jesús, se dice que los Evangelios no deben entenderse como una hagiografía de Jesús de Nazaret, porque "el Evangelio pretende solamente comunicarnos los hechos más sobresalientes y las palabras con las cuales Jesús entregó al mundo su mensaje";[3] sin embargo, en los Evangelios de San Mateo y San Lucas se narra la divina concepción, el nacimiento e incluso, por este último, un pasaje de su pubertad.

Luego, se interrumpe el relato crístico y, de súbito, con algunas variantes, los cuatro evangelistas canónicos presentan a Jesús ya bautizado, en el río Jordán, por Juan Bautista.

Pero aquella manifiesta **oquedad** conlleva, intrínsecamente, una incógnita que debe ser, obviamente, despejada.

Es más, el silencio absoluto de los tetra-heraldos del Evangelio nos induce a resolver a ultranza el bimilenario **enigma**, pues el Redentor dijo:

> "No hay cosa oculta que no venga a descubrirse, ni hay secreto que no llegue a saberse."[4]

Pero previamente, y siguiendo la secuencia lógica de la obra, develaremos la profecía del nacimiento del Mesías, la concepción de la Virgen María, el nacimiento del Niño Jesús, la adoración de los Reyes Magos, las maravillas de Jesús Niño y su pubertad, para después revelar el *gran **enigma*** y, finalmente, la dúo-naturaleza de Cristo como una suprarealidad singular de Él.

Notas del Introito

1. Citado por el Dr. Serge Raynaud de la Ferriere: *Los grandes mensajes*. 7º edición. Editorial Nueva Era. Lima, Perú. 1987. pp. 243 y 247.
2. *La Santa Biblia*. Depósito Central de la Sociedad Bíblica B. y E. Madrid. 1926. San Juan, 3:12.
3. *La Biblia Latinoamericana*. LVIII edición. Ediciones Paulinas. 1972. Nuevo Testamento. Nota al pie de la p. 5.
4. *Op. cit.,* San Mateo, 10:26.

2 Τοῦ δὲ Ἰησοῦ γεννηθέντος ἐν Βηθλέεμ τῆς Ἰουδαίας ἐν ἡμέραις Ἡρῴδου τοῦ βασιλέως, ἰδοὺ μάγοι 2 ἀπὸ ἀνατολῶν παρεγένοντο εἰς Ἱεροσόλυμα ¹ λέγοντες· ποῦ ἐστιν ὁ τεχθεὶς βασιλεὺς τῶν Ἰουδαίων; εἴδομεν γὰρ αὐτοῦ τὸν ἀστέρα ⌜ἐν τῇ ἀνατολῇ⌝, καὶ ἤλθομεν προσκυνῆσαι αὐτῷ.

Κατα Ματθαιον

Cum natus esset Jesus in Bethlehem Juda in diebus Herodis regis, ecce Magi ab Oriente venerunt Jerosolymam, dicentes: Ubi est, qui natus est rex Judaeorum? Vidimus enim stellan ejus in Oriente, et venimus adorare eum.

Sancti Evangelii secundum
Matthaeum,
2:1-2

Habiendo nacido Jesús en Belén de Judá en tiempo del rey Herodes, he aquí que unos magos de Oriente llegaron a Jerusalén diciendo: "¿Dónde está el Rey de los Judíos que ha nacido? Porque vimos en Oriente su estrella y hemos venido a adorarle".

San Mateo,
2:1-2

Capítulo I

Profecía sobre el Mesías

Tenemos que partir *ab initio* del axioma teológico de que

Dios creó al hombre a su imagen y semejanza.[1]

Y si el hombre es la impronta de Dios, formado de la materia primigenia terrena –"del polvo de la tierra"[2]– y, a su vez, reflejo de su existencia, puesto que "alentó en su nariz soplo de vida"[3]; por lo que, al ser creación sustancial de Dios, puede conocerlo y vincularse espiritualmente con Él.

Empero, quienes lo hicieron patente fueron los grandes videntes del pueblo hebreo: los profetas, que vaticinaron su porvenir secularmente.

Estos *Oráculos del Señor* formaron la conciencia teísta del pueblo israelita: la presencia inmanente de Dios en cada uno de ellos, y lo guiaron bajo esa creencia y culto que, a lo largo de los siglos, permaneció como una concepción idiosincrásica monoteísta.

Así, Jeremías, seis siglos antes de Cristo, afirmaba que todo hebreo podía invocar a Dios:

Clama a Mí y te responderé, y te enseñaré cosas grandes y dificultosas que tú no sabes.[4]

Isaías, siete siglos antes de Cristo, "hace un ardiente llamado al pueblo y a sus guías a una vida de rectitud y justicia, y anuncia la futura venida de un descendiente de David que será el rey ideal."[5]

Empero, Isaías no sólo proclamó el advenimiento del *Mesías*, sino que predestinó el istmo esotérico[6] de lo fenoménico celeste –astral– con lo sacro-humano –célico–, que se cristaliza en prístino resplandor:

> El pueblo que andaba en la oscuridad vio gran luz; una luz ha brillado para los que vivían en tinieblas.[7]

Lo que después de siete siglos sería la *súper-nova* –el mirífico presagio– del nacimiento del Unigénito.

Notas del capítulo I

1. La Santa Biblia, op. cit., Génesis, 1:26-27.
2. Ibíd., 2:7.
3. Ibíd.
4. La Santa Biblia, op. cit., Jeremías, 33:3.
5. Dios habla hoy. La Biblia con Deuterocanónicos. 2º edición. Sociedades Bíblicas Unidas. 1979. p. 830.
6. Tómese el término esotérico en el sentido aristotélico.
7. Dios habla hoy, op. cit., Isaías, 9:2.

Capítulo II

Concepción de la Virgen María

Joaquín y Ana no tenían descendencia; entonces, aquél decidió retirarse al desierto para que –con ayuno y oración– el Señor Dios de Israel le concediera el regalo de un vástago.

El Altísimo –oyó sus plegarias y– atendió sus súplicas y Ana concibió así su primer hijo.

Después de que Joaquín entregó –como exvoto– las ofrendas prometidas y Ana cumplió doscientos días de embarazo, el 8 de septiembre[1] trajo al mundo a su santa hija, a la que después de tres días de nacida le puso por nombre María.

Cuando la niña cumplió tres años de edad, Ana convocó a las hijas hebreas vírgenes consagradas a Dios para que todas ellas –y cada una tomando una lámpara– condujesen dignamente a la Virgen María hasta el templo del Señor, para que permaneciese y fuese educada en él durante doce años.

Era ley sagrada que, entre las familias de la tribu de Judá y de la línea de David, se colocara a sus hijas en el templo para ser guardadas en santidad y servir allí hasta el momento en que el Verbo Divino tomara carne de una de ellas, y redimiera al pueblo de Israel.

De las doce inmaculadas que en santidad florecían en el templo, la Virgen María tenía preeminencia sobre las demás.

Pero alcanzado el desarrollo pleno propio de las mujeres, el Gran Sacerdote, Zacarías –por mandato de un ángel de Dios–, convocó a todas ellas, así como a los celibatarios de la ciudad de Jerusalén, para que recibieran como esposas a las que aparecían en la tablilla que le era devuelta a cada uno de ellos.

Empero, ocurrió que cuando el Gran Sacerdote devolvió a los celibatarios sus respectivas tablillas, "al entregar a José la última, en la cual se encontraba escrito el nombre de María, he aquí que una paloma, que salió de la tablilla, se posó sobre la cabeza del agraciado." [2, 3]

Y Zacarías dijo:

—José, a ti te corresponde guardar y recibir como esposa tuya a la Virgen María para que se enlace contigo en matrimonio.

José, al oír esto, se resistió y replicó:

—Tengo una numerosa familia de hijos e hijas, y quedaría avergonzado y confuso ante ellos.

Pero los sacerdotes y el pueblo le contestaron:

—Obedece la voluntad de Dios.

Cuando José oyó estas palabras, se inclinó, se prosternó ante los sacerdotes y el pueblo, y sacando del templo a la Virgen, partió con ella hacia la villa de Nazaret.

Al llegar, José advirtió a María:

—Tú habitarás aquí honestamente; guárdate y vela por ti misma hasta el momento que recibas la *corona de bendición nupcial* y vuelva entonces a tu lado.

En espera del solemne compromiso, José se puso en camino hacia Belén para comenzar la construcción de una casa.

En el año 303 de Alejandro, el 31 del mes de Adar, mientras la Virgen María hilaba la escarlata del velo para el templo, de súbito apareció el ángel del Señor y le dijo:

—No te espantes, María, bendita entre todas las mujeres.[4, 5] Yo soy el ángel Gabriel, enviado por Dios para comunicarte que quedarás encinta y que darás a luz al Hijo del Altísimo, el cual será un gran Rey y prevalecerá sobre la Tierra toda.[6, 7]

María le preguntó:

—¿Cómo ha de ocurrirme esto si yo no conozco varón?[8]

Y el ángel dijo:

—Concebirás del poder y de la gracia del Espíritu Santo, que habitará en ti.[9]

María repuso:

—Pero ¿cómo advendrá esto, puesto que, repito, no conozco varón?

El ángel dijo:

—El Espíritu vendrá a ti y la potencia del Altísimo te cubrirá con su sombra. Y el Verbo Divino tomará de ti un cuerpo y parirás al Hijo del Padre Celestial, y tu virginidad permanecerá intacta e inviolada.[10]

María dijo:

—Si la cosa es tal como lo explicas, y el mismo Señor se digna descender hasta su esclava y su sierva, hágase en mí según tu palabra.

Y el ángel la abandonó.[11]

No bien la Virgen pronunció aquella frase de humillación, el Verbo Divino penetró en ella y la naturaleza íntima de su cuerpo fue santificada, convirtiéndose en el templo santo e inmaculado del Verbo Divino. Y en el mismo instante comenzó el embarazo.[12]

Al mismo tiempo, un ángel partió al país de los persas para prevenir a los Reyes Magos que, en cuanto naciera el Niño, fueran a adorarlo, y para comunicarles que serían guiados por una estrella durante nueve meses, lo que duraría el viaje hasta llegar a su destino.

Y estando María ya en el sexto mes de embarazo, José volvió y, poco después de entrar en la morada, se percató de que ella estaba encinta. Entonces, José, lamentando lo sucedido, se echó a tierra sobre un saco y lloró amargamente, diciendo:

—¿En qué forma volveré mis ojos hacia el Señor, mi Dios?, porque la recibí pura de los sacerdotes del templo y no he sabido guardarla. ¿Quién ha cometido tan mala acción y ha mancillado a esta virgen?[13]

Y José se levantó del saco, llamó a María y le dijo:

—¿Qué has hecho tú, que eres predilecta de Dios? ¿Has olvidado a tu Señor? ¿Cómo te has atrevido a envilecer tu alma después de haber sido educada en el Santo de los Santos?

Pero María, llorando atribulada, le dijo:
—Estoy pura y no he conocido varón.
Y José le dijo:
—¿De dónde viene entonces lo que llevas en tus entrañas?
Y María repuso:
—Por la vida del Señor, mi Dios, que no sé cómo esto ha ocurrido.

Y José, trémulo y apesadumbrado, se preguntó cómo obraría a su respecto. Porque pensaba: "Si oculto su falta, transgrediría la ley del Señor, y si la denuncio al pueblo de Israel, el niño que está en María quizás no sea un ángel y entregue a la muerte a un ser inocente". Y se preguntaba: "¿Cómo procederé, pues, con María?". Y José decidió repudiarla en secreto.[14, 15]

Empero, al caer la noche, y estando ya dormido, he aquí que un ángel del Señor se le apareció en sueños y le dijo:
—José, no temas por ese niño, pues el fruto que está en María procede del Espíritu Santo, y dará a luz a un niño, y lo llamarás Jesús, porque salvará al pueblo de sus pecados.[16, 17]

Y José despertó, se levantó y glorificó al Dios de Israel por aquella gracia, y continuó guardando a la Virgen María.[18]

Notas del capítulo II

1. Fecha convertida al calendario gregoriano.
2. Edmundo Gonzáles Blanco: *Los Evangelios Apócrifos*. El Evangelio armenio de la infancia. "Relato de Santiago, hermano del Señor". 3 tomos. Madrid. 1934. Reimpresión en 2 tomos de Hyspamérica Ediciones Argentina. 1985.
3. En el Protoevangelio de Santiago se trocan las tablillas por las varas. Dice así: "Éste –refiriéndose al Gran Sacerdote– tomó las varas de cada cual, penetró en el templo y oró. Y cuando hubo terminado su plegaria, volvió a tomar las varas, salió, se las devolvió a sus dueños respectivos y no notó en ellas prodigio alguno. Y José tomó la última, y he aquí que una paloma salió de ella y voló sobre la cabeza del viudo. Y el Gran Sacerdote dijo a José: "Tú eres el designado por la suerte para tomar bajo tu guarda a la Virgen del Señor".
4. El Evangelio armenio de la infancia, *op. cit.*, V, 3.
5. El Evangelio de San Lucas dice: "Y entrando el ángel adonde estaba –refiriéndose a la Virgen María– dijo: '¡Salve, muy favorecida! El Señor es contigo. Bendita tú entre las mujeres'". *La Santa Biblia, op. cit.*, 1:28.
6. El Evangelio armenio de la infancia, *op. cit.*, V, 3.
7. Análogamente, el Evangelio de San Lucas dice: "Y he aquí que concebirás en tu seno y parirás un hijo, y llamarás su nombre Jesús. Este será grande y será llamado Hijo del Altísimo, y le dará el Señor Dios el trono de David, su padre". *La Santa Biblia, op. cit.*, 1:31-32.
8. El Evangelio armenio de la infancia, *op. cit.*, V, 3.
9. *Ibíd.*, V, 3.
10. *Ibíd.*, V, 5.
11. *Ibíd.*, V, 8.
12. *Ibíd.*, V, 9.
13. Edmundo Gonzáles Blanco: *Los Evangelios Apócrifos*. El Protoevangelio de Santiago. Madrid. 1934. 3 tomos. Reimpreso en 2 tomos por Hyspamérica Ediciones. Argentina. 1985. XIII, 1
14. *Ibíd.*, XIV, 1.
15. El Evangelio de San Mateo dice: "Y José, su marido, como era justo y no quisiese infamarla, quiso dejarla secretamente". *La Santa Biblia, op. cit.*, 1:19.
16. El Protoevangelio de Santiago, *op. cit.*, XIV, 1.

17. El Evangelio de San Mateo, refiriéndose a José, dice: "Y pensando él en esto, he aquí que el ángel del Señor se le aparece en sueños, diciendo: 'José, hijo de David, no temas de recibir a María como tu mujer, porque lo que en ella es engendrado, del Espíritu Santo es. Y parirá un hijo, y llamarás su nombre Jesús, porque él salvará a su pueblo de sus pecados'". *La Santa Biblia, op. cit.,* 1:20-21.
18. El Protoevangelio de Santiago, *ibíd.*

Capítulo III

Nacimiento del Niño Jesús

En el año 309 de Alejandro, César Augusto decretó que cada persona fuese empadronada en su propio país. Y José se aprestó a ello y, llevando consigo a su esposa María, partió hacia Bethlehem, su pueblo natal.

Y caminando, en un frío día de invierno, el 21 del mes de tébeth, llegaron a la aldea de Bethlehem, y María dijo a José:

—Bájame del asno, porque el niño me hace sufrir.

Y José exclamó:

—¡Ay, qué negra suerte la mía! He aquí que mi esposa va a dar a luz no en un sitio habitado, sino en un lugar desierto e inculto, en que no hay ninguna posada.[1]

Empero, al cabo de mirar aquel paraje, José advirtió una cueva amplia, a la cual condujo a María; entró, dejó en ella a su esposa y salió en busca de una partera.

Y he aquí que una mujer que descendió de la montaña preguntó a José:

—¿Dónde vas?

Y José repuso:

—En busca de una partera judía, porque María, mi desposada, educada en el templo del Señor, ha concebido del Espíritu Santo, y está próxima a dar a luz.

Y la partera le dijo:

—¿Es verdad lo que me cuentas?

Y José repuso:

—Ven a verlo.

Y llegaron a la cueva, y he aquí que una nube luminosa la cubría; empero, en tanto se desvaneció la nube, apareció en la cueva una luz tan resplandeciente que los ojos no podían soportarla. "Y esta luz disminuyó poco a poco, hasta que el Niño apareció; y tomó el pecho de su madre, María."[2, 3, 4]

Y la partera salió de la cueva y encontró a Salomé, y le dijo:

—Salomé, voy a contarte la maravilla presenciada por mí de una virgen que ha dado a luz de un modo distinto al natural.

Y la partera entró y dijo a María:

—Disponte a dejar que Salomé verifique mi aserción.

Y así, en cuanto ésta "puso su dedo en el vientre de María",[5] Salomé lanzó un alarido, exclamando:

—He sido castigada por mi impía incredulidad, porque he tentado al Dios viviente, y he aquí que mi mano es consumida por el fuego.

Y se arrodilló, diciendo:

—¡Oh, Dios de mis padres, acuérdate de que pertenezco a la raza de Abraham, de Isaac y de Jacob! No me expongas a lástima ante los hijos de Israel, devuélveme a mis pobres, porque bien sabes, Señor, que en tu nombre les prestaba mis cuidados, y que mi salario lo recibía de Ti.

Y he aquí que un ángel del Señor se le apareció diciendo:

—Salomé, el Señor ha atendido tu súplica. Aproxímate al Niño, tómalo en tus brazos, y Él será para ti salud y alegría.[6]

Y Salomé se acercó al recién nacido y lo levantó, diciendo:

—Quiero prosternarme ante Él, porque un gran Rey ha nacido para Israel.

E inmediatamente fue curada.[7]

Notas del capítulo III

1. El Evangelio armenio de la infancia, *op. cit.*, VIII, 5.
2. El Protoevangelio de Santiago, *op. cit.*, XIX, 2.
3. Exactamente lo mismo reproduce Andreas Faber-Kaiser: *¿Sacerdotes o cosmonautas?* Plaza & Janés, S.A., Editores. Barcelona. 1977. p. 71.
4. El Evangelio de San Lucas refiere: "Y aconteció en aquellos días que salió edicto de parte de Augusto César, que toda la tierra fuera empadronada, e iban todos para ser empadronados, cada uno a su ciudad. Y subió José de Galilea de la ciudad de Nazaret a Judea, a la ciudad de David, que se llama Bethlehem, por cuanto era de la casa y familia de David, para ser empadronado con María, su mujer, desposada con él, la cual estaba encinta. Y aconteció que, estando allí, se cumplieron los días en que ella había de parir. Y parió a su hijo primogénito, y le envolvió en pañales, y acostóle en un pesebre, porque no había lugar para ellos en el mesón". *La Santa Biblia, op. cit.*, San Lucas, 2:1-7.
5. El Protoevangelio de Santiago, *op. cit.*, XX, 1.
6. *Ibíd.*, XX, 3.
7. Este fue el primer milagro del Niño Jesús recién nacido.

Capítulo IV

Adoración de los Reyes Magos

La misma noche en que el Niño Jesús nació en Bethlehem –en el reinado de Herodes–, un ángel fue enviado a Persia, el mismo que apareció en ese país como una estrella fulgurante.

"Y como el 25 del primer kanun"[1] había fiesta entre los persas, todos los magos celebraban magníficamente su solemnidad, cuando de súbito una luz vivísima brilló en el cielo, a tal punto que los propios reyes salieron a contemplar la insólita aparición. "Y vieron que una estrella ardiente se había levantado sobre Persia, y que, por su claridad, se parecía a un gran sol."[2, 3]

Y los reyes preguntaron a los sacerdotes:

–¿Qué es este signo?

Ellos contestaron:

–Ha nacido el Rey de los reyes, el Dios de los dioses, la Luz emanada de la luz. Y he aquí que uno de los dioses ha venido a anunciarnos su nacimiento para que vayamos a ofrecerle presentes, y a adorarlo.[4]

Entonces tres reyes –hijos de los reyes de Persia– tomaron, uno tres libras de oro, otro tres libras de incienso y el tercero tres libras de mirra, y se revistieron de sus ornamentos preciosos, poniéndose la tiara en la cabeza, y portando su tesoro.

Al primer canto del gallo, partieron de su país con nueve hombres, y guiados por la maravillosa estrella, arribaron, con la alborada, a Jerusalén; e interrogaron a las gentes de la ciudad:

–¿Dónde ha nacido el Rey que vinimos a visitar?

A esta pregunta, los habitantes de Jerusalén se agitaron y, desconcertados, respondieron que el rey de Judea era Herodes.[5]

Enterado Herodes, mandó buscar a los Reyes Magos y, habiéndoles hecho comparecer ante él, les preguntó:

–¿Quiénes sois? ¿De dónde venís? ¿Qué buscáis?

Y ellos respondieron:

–Somos hijos de los reyes de Persia, venimos de nuestra nación y buscamos al Rey que ha nacido en Judea.[6]

Y se atemorizo Herodes al ver que los Reyes Magos venían en busca del Rey nacido en Judea y no reconocían su autoridad; sin embargo, Herodes, astutamente, expuso:

–Grande es sin duda el poder del Rey que los ha obligado a venir hasta aquí a rendirle homenaje. Id, enteraos en dónde se halla y, cuando lo hayáis encontrado, venid a hacérmelo saber para que yo también vaya a adorarlo.[7, 8]

Y los magos abandonaron la audiencia de Herodes; y vieron, y siguieron la estrella que iba delante de ellos, hasta que se detuvo por encima de la cueva en que nació el Niño Jesús, y enseguida, penetraron en ella, donde encontraron a María, a José y al Niño envuelto en pañales y recostado en el pesebre. "Y ofreciéndole sus presentes, lo adoraron."[9, 10]

Y cuando llegó la noche del sexto día de la semana siguiente a la natividad, apareció de nuevo la estrella y, siguiéndola, los Reyes Magos volvieron a Persia.[11, 12]

Notas del capítulo IV

1. 25 de diciembre, según el calendario gregoriano.
2. El Evangelio árabe de la infancia, *op. cit.*, VII, 1.
3. San Ignacio escribe que "la luz de esta estrella superaba la de todas las demás; su resplandor era inefable, y su novedad hacía que los que la contemplaban se quedaran mudos de estupor; el sol, la luna y los otros astros formaban el coro de esta estrella". Citado por Fulcanelli: *El misterio de las catedrales*. Traducción de J. Ferrer Aleu. 9º edición. Plaza & Janés, S.A., Editores. Barcelona. 1979. p. 65.
4. El Evangelio árabe de la infancia, *op. cit.*, VII, 1.
5. Ibíd.
6. *Ibíd.*, VII, 2.
7. Ibíd.
8. El Evangelio de San Mateo tiene el mismo sentido. Dice así: "Y como fue nacido Jesús en Bethlehem de Judea en días del rey Herodes, he aquí que unos magos vinieron del oriente a Jerusalem, diciendo: '¿Dónde está el Rey de los Judíos que ha nacido? Porque su estrella hemos visto en el oriente, y venimos a adorarle'. Y oyendo esto, el rey Herodes se turbó, y todo Jerusalem con él. Entonces Herodes, llamando en secreto a los magos, entendió de ellos diligentemente el tiempo del aparecimiento de la estrella; y enviándolos a Jerusalem, dijo: 'Andad allá, y preguntad con diligencia por el niño; y después de que lo halléis, hacédmelo saber, para que yo también vaya y le adore'". *La Santa Biblia, op. cit.*, San Mateo, 2:1-8.
9. El Evangelio árabe de la infancia, *op. cit.*, VII, 3.
10. El Evangelio de San Mateo enuncia: "Y ellos, habiendo oído al rey, se fueron: y he aquí que la estrella que habían visto en el oriente iba delante de ellos, hasta que, llegando, se puso sobre donde estaba el Niño. Y vista la estrella, se regocijaron con muy grande gozo. Y entrando en la casa, vieron al Niño con su madre, María, y, postrándose, le adoraron, y abriendo sus tesoros, le ofrecieron dones, oro incienso y mirra". *La Santa Biblia, op. cit.*, San Mateo, 2:9-11.
11. El Evangelio árabe de la infancia, *op. cit.*, VII, 4.
12. El Evangelio de San Mateo expresa: "Y siendo avisados por revelación en sueños que no volviesen a Herodes, se volvieron a su tierra por otro camino". *La Santa Biblia, op. cit.*, San Mateo, 2:12.

Capítulo V

Las maravillas de Jesús Niño

Cuando el Niño tuvo ocho días de edad, José marchó sigilosamente a Jerusalén y trajo de allí un hombre misericordioso y temeroso del Señor, llamado Joel, y al entrar en la cueva y encontrar al Niño para operar la circuncisión, al aplicarle el cuchillo no resultó de ello ningún corte en el cuerpo de aquél. Ante este prodigio, quedó estupefacto y exclamó:

–He aquí que la sangre de este niño ha corrido sin incisión alguna.

Y recibió el nombre de Jesús, que le había sido impuesto de antemano por el ángel.[1]

A los cuarenta días de nacido, José y María subieron en secreto a Jerusalén para presentar al Niño Jesús a los sacerdotes, ofreciendo, según uso consagrado, un par de tórtolas, o dos palominos. Y el anciano Simeón, habiendo recibido al Mesías en brazos, exclamó:

–Ahora, Señor, despide a tu siervo en paz, conforme a tu palabra, porque mis ojos han visto la obra de tu clemencia, que has preparado para la salvación de todas las razas, para servir de luz a todas las naciones, y para gloria de tu pueblo, Israel.[2, 3]

"Y Ana, la profetisa, fue testigo de este espectáculo, y se acercó para dar gracias a Dios, y para proclamar bienaventurada a Santa María."[4]

Después de haber rendido el tributo de sus presentes, José volvió con María y con Jesús a Belén.

Y a los nueve meses, Jesús dejó espontáneamente de amamantarse en los pechos de su madre. Y al notarlo ésta y José, se admiraron en gran manera, y se preguntaron el uno al otro:

—¿Cómo es que no come, ni bebe, ni duerme, sino que está siempre alerta y despierto?

"Y no podían comprender el imperio de voluntad que ejercía sobre sí mismo."[5]

Herodes fue prevenido por el impío Begor de que los Reyes Magos habían regresado a su tierra por otro camino. Al saber que había sido burlado por los magos, Herodes mandó a dieciocho ci-harcas de sus tropas a recorrer todo el territorio de su dominio, con la consigna de que todo niño que hallasen menor de dos años fuese degollado. Así, dieron muerte a trece mil sesenta infantes inocentes.[6]

Pero un ángel del Señor apareció ante José y le dijo:

—Levántate y toma a Jesús y a su madre, y huye a Egipto, porque Herodes busca al Niño para matarlo.[7]

Y José, levantándose precipitadamente, tomó al Niño y a María, y partió hacia la ciudad de Ascalón; de allí pasó a Hebrón y, finalmente, entraron en tierra egipcia, llegando a la ciudad de Polpai, donde habitaron seis meses. "Y Jesús pasaba ya de los dos años"[8] cuando dejaron Polpai y llegaron a El Cairo, en donde residieron en un castillo real que "Alejandro de Macedonia había levantado otrora. Y allí permanecieron cuatro meses."[9]

Y Jesús ya salía al exterior para encontrarse con los niños; y en una circunstancia, los condujo a las lumbreras y ventanas del castillo por donde pasaban los rayos del sol, y les preguntó:

—¿Quién de vosotros podría rodear con sus brazos un rayo de luz y dejarse deslizar de aquí abajo, sin hacerse el menor daño?

Y Jesús dijo:

—Mirad todos y ved.

Y, abrazando los rayos del sol, formados por minúsculos polvillos que, desde el amanecer, pasaban por las ventanas, descendió hasta el suelo, sin sufrir mal alguno.[10]

Al saberlo, José con María y el Niño salieron huyendo de la ciudad, y llegaron a Mesrin; y Jesús tenía entonces tres años y cuatro meses.

Y cuando se celebraba un día la fiesta de Apolo, Jesús entró secretamente en el templo y se sentó, y mientras observaba la imagen de aquel ídolo, advirtió que por encima de la misma estaba escrito: "Este es Apolo, el dios creador del Cielo y de la Tierra, y el que ha dado vida a todo el género humano".

Al ver esto, Jesús se indignó y, levantando los ojos al cielo, dijo:

—Padre, glorifica a tu Hijo para que tu Hijo te glorifique.[11, 12]

Y en el mismo instante que Jesús habló, el suelo tembló y toda la estructura del templo juntamente con la efigie de Apolo se desplomó, y los sacerdotes y pontífices de los falsos dioses perecieron, y el resto de la población que se encontraba allí huyó de aquel lugar.

Ante el desastre ocurrido, hicieron comparecer a José ante el Tribunal y le dijeron:

—Vamos a hacerte perecer a ti, a tu hijo y a la mujer que te acompaña, por haber provocado la pérdida de esta ciudad.

Entonces, María suplicó a Jesús:

—Hijo mío, te ruego que me escuches y que, por la intercesión de tu madre y sierva, resucites a esos muertos, cuya pérdida has producido.

Y Jesús respondió:

—Madre mía, no me aflijas de tal modo, porque aún no ha venido para mí la hora de hacer eso.

Pero María insistió. Y Jesús dijo:

—Por consideración a tu plegaria, haré lo que me pides, a fin de que esas gentes reconozcan que soy Hijo de Dios.[13]

Y luego de que hubo hablado así, Jesús se levantó, se dirigió hacia el templo en ruinas, atravesó la multitud, avanzó por encima de los cadáveres y, tomando polvo del suelo, lo vertió sobre ellos y clamó a gran voz:

—Yo os conmino a todos, sacerdotes, que yacéis aquí, heridos de muerte por el desastre que os ha anonadado, que os incorporéis enseguida, y que salgáis fuera.[14]

Y en el mismo momento que pronunciaba estas palabras, tembló de pronto el lugar en que se encontraban los difuntos, y se levantó el polvo, haciendo remolinear las piedras, y cerca de ciento ochenta y dos personas se levantaron de entre los muertos y se irguieron sobre sus pies; y el temor y terror se apoderó de todos, y dijeron:

—Éste, y no Apolo, es el Dios del Cielo y de la Tierra, que da la vida a todo el género humano.

Después de tres meses, una noche, el ángel del Señor —en una visión— dijo a José:

—Levántate, toma a Jesús y a su madre, y vete a tierra de Israel, porque muertos son los que procuraban la muerte del Niño.[15, 16]

Y así, José con María y Jesús se encaminaron hacia Israel; pero días más tarde, oyendo que Arquelao reinaba en Judea en vez de su padre, Herodes, temió ir allá, y partió en dirección sur, hacia el pie del monte Sinaí, por el desierto de Oreb, hasta que llegó al país de Moab, frente de Mambré, y recorrieron numerosas etapas en su periplo. Por fin llegaron a una ciudad de los árabes llamada *Malla gpir mtin* —Gran ciudad de Dios—. Y ocurrió un día que Jesús fue a reunirse con los niños, en el lugar en que acostumbraban a juntarse; y habiéndose puesto a jugar, se divertían, conversaban y discutían los unos con los otros; y de la refriega salió uno de ellos con un ojo reventado, y el niño, dando un grito, se puso a llorar amargamente, pero Jesús le dijo:

—No llores y levántate sin temor.

Y se aproximó a él y, en el mismo instante, la luz volvió a sus ojos, y recobró la vista.[17]

Los demás niños que allí se encontraban marcharon presurosos hacia la ciudad, y contaron el prodigio que Jesús había hecho.

Días después, Jesús fue al sitio en que los niños se habían reunido, y que estaba situado en lo alto de una casa; uno de los niños, que tenía tres años y cuatro meses, se quedó dormido sobre la balaustrada del muro, casi al borde del alero, cuando de repente, cayó de cabeza al suelo de aquella altura, y murió instantáneamente; los padres del niño, advertidos de lo ocurrido, llevaron a los niños ante el Tribunal, donde comenzaron a interrogarlos bajo amenaza de muerte; entonces, uno de ellos dijo:

—No somos culpables, pero como no tenemos testigos de nuestra inocencia, nuestras declaraciones las juzgarán como falsas; echemos, pues, la culpa a Jesús, puesto que con nosotros estaba, y no es de los nuestros, sino un extranjero, hijo de un anciano transeúnte, y así, a él se le condenará a muerte y nosotros seremos absueltos.

Y sus compañeros gritaron a coro:

—¡Bravo! ¡Bien dicho!

Y cuando la asamblea del pueblo los conminó a declarar sobre quién era el autor del infanticidio, ellos unánimemente contestaron:

—Es un niño extranjero, llamado Jesús e hijo de un anciano.

Pero cuando fueron en su búsqueda no lo encontraron; entonces se apoderaron de José y lo condujeron ante el juez, y aún no había acabado de hablar cuando Jesús se presentó, y les preguntó:

—¿A quién buscáis?

Le respondieron:

—Al hijo de José.

Jesús les dijo:

—Yo soy.

El juez entonces lo interrogó:

—Cuéntame, ¿cómo has dado tan mal golpe?

Y Jesús repuso:

—Oh, juez, no pronuncies tu juicio con tal parcialidad, porque es un pecado y una sinrazón que haces a tu alma.[18]

Mas el juez le contestó:

—Yo no te condeno sin motivo, ya que los compañeros de ese niño, que estaban contigo, han prestado testimonio contra ti.

Jesús dijo:

—Si algún otro hubiese prestado testimonio, habría merecido fe, pero el testimonio mutuo que entre sí han prestado no cuenta, porque han procedido así por temor a la muerte.

El juez preguntó:

—¿Qué debo hacer?

Jesús respondió:

—Oye, de una y de otra parte, a testigos extraños al asunto, y entonces se manifestará la verdad.

Pero los niños clamaron a gran voz:

—Nosotros sí sabemos quién es, pues ha ejercido todo género de vejaciones y de sevicias sobre nosotros.

El juez dijo:

—Notas cuántos testigos te desmienten.

Jesús dijo:

—Repetidas veces he satisfecho tus preguntas, y no has dado crédito a mis palabras. Pero ahora vas a presenciar algo que te sumirá en la admiración y en el estupor.

Entonces, Jesús, acercándose al muerto, clamó a gran voz:

—Abias, hijo de Thamar, levántate, abre los ojos y cuéntanos cuál fue la causa de tu muerte.[19]

Y en el instante, el muerto cobró vida, se incorporó y, sentándose, reconoció en su entorno a cada uno de los presentes.

Jesús reiteró:

—Cuéntanos cuál fue la causa de tu muerte.

Y el niño —resucitado— repuso:

—Señor, tú no eres responsable de mi sangre, ni tampoco los niños que estaban contigo. Pero estos tuvieron miedo a la muerte y te cargaron la culpa. En realidad, me dormí, caí de lo alto de la casa y me maté.[20]

Entonces, Jesús preguntó al juez:

—¿Crees ya que soy inocente?[21]

Mas el juez, muy confundido, no supo qué responder. Y todos se maravillaron de la tierna edad y del prodigio realizado por Jesús.

Y el niño —resucitado— permaneció con vida durante tres horas, al cabo de las cuales, Jesús le dijo:

—Abias, duerme ahora, y descansa hasta el día de la resurrección universal.[22]

Y en cuanto Jesús pronunció estas palabras, el niño inclinó su cabeza y se durmió...

Y el juez, los niños y toda la muchedumbre cayeron a los pies de Jesús.[23]

Y aquella misma noche, José tomó al Niño y a su madre, y se dirigió al país de Siria, hasta que llegaron a la ciudad de Sahaprau. Y Jesús ya tenía cinco años y tres meses.

En esta ciudad, Jesús fue a encontrarse con los niños y, hallándolos, les propuso ir a una verde pradera a cazar pajarillos, a lo que todos ellos asintieron con mucha alegría; empero, era un día de verano y de calor sofocante, y al ver que ellos ya no podían soportar la inclemencia de la temperatura, Jesús, tendiéndoles la mano, les dijo:

—No temáis, e incorporaos. Iremos hacia aquella roca que está ante nosotros y a su sombra reposaremos.

Mas cuando llegaron a ella, algunos ya se desvanecían y, con los ojos fijos, miraban a Jesús, quien, levantándose, se colocó en medio de ellos, y "con su vara, hirió la roca, de la que brotó una fuente de agua abundante y deliciosa"[24] —que existe todavía—[25], y de la que todos bebieron; luego, Jesús "extendió la mano sobre el agua, e hizo aparecer en ella profusión de peces."[26] Y ordenó a los niños que los pescaran, y que luego recogieran leña —la que ardió sin que nadie le pusiese fuego—, y asaron los peces, comieron y quedaron satisfechos; enseguida, tomaron más peces y volvieron muy alegres a sus casas y, mostrándolos, comentaron la maravillosa pesca de Jesús.[27]

Al despuntar el alba, José con María y Jesús partieron hacia la tierra de Canaán, deteniéndose en la ciudad de Madiam. Jesús tenía entonces seis años y tres meses. Y sucedió que, paseando por la ciudad, vio un grupo de niños, se dirigió hacia ellos, y les preguntó:

—¿Por qué permanecéis en silencio y qué os proponéis hacer?[28]

Respondieron los niños:

—Nada.

Pero Jesús insistió:

—¿Quién de vosotros conoce algún juego?

Los niños replicaron:

—No conocemos ninguno.

Jesús exclamó:

—Mirad, pues, todos, y ved.[29]

Y tomando barro de la tierra, amasó con él una figura de gorrión, sopló sobre su cabeza y el pájaro —animado por el hálito de vida— echó a volar. Y ellos lo contemplaban admirados y se maravillaban del milagro obrado por Él.

Cuando Jesús tuvo siete años de edad, José lo llevó a casa de Gamaliel para que éste lo instruyera, y Gamaliel preguntó a José:

—¿Éste es hijo tuyo?

José respondió:

—Dios me lo ha dado por hijo, no según la carne, sino según el Espíritu.

Gamaliel dijo:

—¿Y ahora, qué quieres hacer de él?

José contestó:

—Por orden del rey y con tu aquiescencia, estoy aquí por la fama de tu sapiencia.

Pero Gamaliel respondió:

—Escúchame y te expondré la verdad: cuando miro a tu hijo, veo claramente en la hermosa expresión de sus rasgos y en la bella semejanza de su imagen que no necesita estudiar, quiero decir, que no necesita oír o comprender las lecciones de nadie, porque está lleno de toda gracia y de toda ciencia, y el Espíritu Santo habita en él, y no puede de él separarse.[30, 31]

Algún tiempo después, María, dirigiéndose a Jesús, le dijo:
—Hijo mío, ¿has terminado la obra que comenzaste?
Y Jesús repuso:
—Sí, la terminé. Mas ¿por qué me forzáis a aprender todo género de labores?. Verdaderamente, ¿necesito yo aprender algo? Y a ti, ¿qué cuidado te aprieta a ocuparte de Mí a costa de tanta agitación e inquietud?[32]

En otra ocasión, cuando Jesús cumplió la edad de ocho años, un acaudalado dijo a José:
—Maestro, hazme un lecho grande y hermoso.
Pero José estaba afligido, porque uno de los maderos que iba a emplear era más corto que el otro.
Mas Jesús le dijo:
—No te aflijas. Toma el madero de un lado, Yo lo tomaré del otro, y tiremos.
Y haciéndolo así, el madero adquirió la longitud precisa.
Y Jesús dijo a José:
—Trabaja; he ahí el madero que necesitabas.[33]
Al ver José lo que había hecho Jesús, lo abrazó, diciendo:
—Bendito sea Dios, que me ha dado tal Hijo.

Hubo otra ocasión en que Jesús caminaba por la ciudad y vio a unos niños que se habían reunido para jugar, por lo que se dirigió hacia ellos; pero los niños, al percatarse de que Jesús se aproximaba, huyeron de Él, y se ocultaron en un horno. Jesús los siguió, se detuvo en la puerta de la casa y, viendo a unas mujeres, les preguntó dónde habían ido los niños. Y aquellas respondieron:
—No hay niños aquí.
Jesús les dijo:
—Y los que están en el horno, ¿quiénes son?[34]
Las mujeres contestaron:

—Son machos cabríos de tres años.

Y Jesús exclamó:

—Salgan afuera, cerca de su pastor, los machos cabríos que en el horno están.

Y del horno salieron cabritillos que saltaban y brincaban, jugueteando alrededor de Jesús.

Las mujeres, henchidas de admiración y pavor, se prosternaron ante Él, diciéndole:

—¡Oh, Niño Jesús, Señor nuestro! Tú eres, en verdad, el buen pastor de Israel. Ten piedad de tus siervas, que están en tu presencia, porque sabemos que Tú has venido a sanar, y no a hacer perecer. Te juramos, por tu santo nombre, que nuestros hijos nunca más huirán de Ti, ni se esconderán, ni te importunarán. Te rogamos, esperando de tu bondad, que tornes a esos niños, servidores tuyos, a su original naturaleza.

Y Jesús gritó:

—Corred aquí, niños, y vamos a jugar.

Y en el mismo instante, los cabritillos recobraron su forma y se convirtieron en niños, ante los ojos de las mujeres.

Días después, Jesús salió presuroso de la casa para reunirse con los niños, quienes, al verlo, se acercaron muy alegres a su encuentro. Y puestos de hinojos ante Él, le preguntaron:

—¿Qué haremos hoy, Jesusito?

Y él les habló así:

—No violentéis a nadie, no devolváis mal por mal, sed caritativos y conducíos entre vosotros como amigos y como hermanos. Y entonces, Yo también viviré entre vosotros con un corazón presto a serviros.[35]

Algún tiempo después, cuando Jesús ya había cumplido siete años y jugaba con amigos de su edad, todos ellos se pusieron a formar figurillas de barro que representaban pájaros, pollinos, caballos, bueyes y otros animales, y cada uno de ellos se ufanaba de su destreza, diciendo:

—Mi figurilla es mejor que la vuestra.

Empero, Jesús les dijo:

—Mis figurillas marcharán si yo se los ordeno.

Y sus amigos le dijeron:

—¿Eres acaso Hijo del Dios creador?

Entonces, Jesús mandó a sus figurillas marchar, y marcharon; después las llamó, y volvieron. E hizo figurillas que representaban gorriones. Y les ordenó volar, y volaron; y posarse, y se posaron en sus manos. Y les dio de comer, y comieron; y de beber, y bebieron. Y ante unos jumentos que hiciera, puso paja, cebada y agua. Y ellos comieron y bebieron.[36]

En cuanto terminó el *juego*, los niños fueron a narrar a sus padres lo que Jesús había obrado.

Otro día en que Jesús salió para reunirse con los niños, vio un púber que había perdido la luz de sus ojos, y tenía que andar sujeto a un lazarillo. Cuando Jesús lo vio, se apiadó de él, y poniéndole la mano sobre la cabeza, sopló, "y en el mismo momento, el niño recobró la visión normal."[37]

Y los niños que habían presenciado el portento marcharon a la ciudad a relatar aquel milagro.[38]

Cuando José y María decidieron residir, por algún tiempo, en la aldea de Emmaús, Jesús tenía ya diez años, y un día se fue a la aldea próxima de Ephaía; y en su itinerario encontró a un zagal, que estaba leproso, quien al ver a Jesús, le dijo:

—Por tu presencia distinguida, tu elevado linaje y tu extrema belleza, puedo inferir que eres probablemente hijo de un general de los ejércitos reales, por lo que acudo a tu generosidad y te ruego que me prestes un pequeño socorro; compadécete pues de mí, que el dispensador de todos los bienes te lo devolverá.

Como Jesús lo vio atribulado, se enterneció y le dijo:

—Sí, me compadezco de ti.

Y en el mismo instante, extendió su mano y tomó la del leproso, diciendo:

—Levántate, yérguete sobre tus pies y ve en paz a tu casa.[39]

Y tan pronto pronunció Jesús estas palabras, el leproso quedó sano y limpio, pues Jesús le había devuelto la salud.[40]

Notas del capítulo V

1. El Evangelio armenio de la infancia, *op. cit.*, XII, 2.
2. El Evangelio árabe de la infancia, *op. cit.*, VI, 1.
3. El Evangelio de San Lucas relata: "Y he aquí que había un hombre en Jerusalem, llamado Simeón, y este hombre, justo y pío, esperaba la consolación de Israel; y el Espíritu Santo era sobre él. Y había recibido respuesta del Espíritu Santo de que no vería la muerte antes de que viese al Cristo del Señor. Y vino por el Espíritu Santo al templo. Y cuando metieron al Niño Jesús sus padres en el templo, para hacer por Él conforme a la costumbre de la ley, entonces él le tomó en sus brazos y bendijo a Dios, y dijo: 'Ahora despide, Señor, a tu siervo, conforme a tu palabra, en paz; porque han visto mis ojos tu salvación, la cual has aparejado en presencia de todos los pueblos; luz para ser revelada a los gentiles, y la gloria de tu pueblo, Israel'. Y José y su madre estaban maravillados de las cosas que se decían de Él. Y los bendijo Simeón, y dijo a su madre, María: 'He aquí que Éste es puesto para caída y para levantamiento de muchos en Israel; y para señal a la que será contradicho; y una espada traspasará tu alma de ti misma para que sean manifestados los pensamientos de muchos corazones'. Estaba también allí Ana, profetisa, hija de Phanuel, de la tribu de Aser, la cual había venido en grande edad, y había vivido con su marido siete años desde su virginidad; y era viuda de hasta ochenta y cuatro años, que no se apartaba del templo, sirviendo de noche y de día con ayunos y oraciones. Y ésta, sobreviniendo en la misma hora, juntamente confesaba al Señor, y hablaba de Él a todos los que esperaban la redención de Jerusalem". *La Santa Biblia, op. cit.*, San Lucas, 2:36-38.
4. El Evangelio árabe de la infancia, *op. cit.*, VI, 2.
5. El Evangelio armenio de la infancia, *op. cit.*, XII, 6.
6. *Ibíd.*, XIII, 4-5.
7. *Ibíd.*, XV, 1.
8. *Ibíd.*, XV, 3.
9. *Ibíd.*, XV, 4.
10. *Ibíd.*, XV, 5.
11. *Ibíd.*, XV, 15.
12. Jesús, en su *vida pública*, pronunció la misma invocación: "Padre, la hora es llegada; glorifica a tu Hijo para que también tu Hijo te glorifique a Ti". *La Santa Biblia, op. cit.*, San Juan, 17:1.
13. El Evangelio armenio de la infancia, *op. cit.*, XV, 19.
14. *Ibíd.*, XV, 20.

15. *Ibíd.*, XV, 28.
16. Se aprecia exactamente el mismo sentido en el Evangelio de San Mateo: "Mas muerto Herodes, he aquí que el ángel del Señor aparece en sueños a José en Egipto, diciendo: 'Levántate y toma al Niño y a su madre, y vete a tierra de Israel, que muertos son los que procuraban la muerte del Niño'". *La Santa Biblia, op. cit.*, San Mateo, 2:19-20.
17. *El Evangelio armenio de la infancia, op. cit.*, XVI, 6.
18. *Ibíd.*, XVI, 11.
19. *Ibíd.*, XVI, 13.
20. *Ibíd.*
21. *Ibíd.*, XVI, 14.
22. *Ibíd.*, XVI, 15.
23. Pasados ya veintisiete años, cuando Juan Bautista da testimonio de que Jesús es el Hijo de Dios, y se manifiesta como tal en Israel, el Redentor repite, por tres veces, las maravillas de resucitar a los muertos.
Y es así que "vino un principal, y le adoraba, diciendo: 'Mi hija es muerta poco hace: mas ven y pon tu mano sobre ella, y vivirá'. Y se levantó Jesús, y le siguió, y sus discípulos. Y llegado Jesús a casa del principal, viendo los tañedores de flautas, y la gente que hacía bullicio, les dijo: 'Apartaos, que la muchacha no es muerta, mas duerme'. Y se burlaban de Él. Y como la gente fue echada fuera, entró, y tomóla de la mano, y se levantó la muchacha. Y salió esta fama por toda aquella tierra". *La Santa Biblia, op. cit.*, San Mateo, 9:18-9, 23-26.
"Y aconteció después que Él iba a la ciudad que se llama Naín, e iban con Él muchos de sus discípulos, y gran compañía. Y como llegó cerca de la puerta de la ciudad, he aquí que sacaban fuera a un difunto, unigénito de su madre, la cual también era viuda. Y como el Señor la vio, compadecióse de ella, y le dijo: 'No llores'. Y acercándose, tocó el féretro; y los que lo llevaban, pararon. Y dijo: 'Mancebo, a ti te digo, levántate'. Entonces se incorporó el que había muerto, y comenzó a hablar. Y diole a su madre". *La Santa Biblia, op. cit.*, San Lucas, 7:11-15.
La tercera resurrección que realizó Jesús fue así:
"Estaba entonces enfermo uno llamado Lázaro, de Bethania, la aldea de María y de Marta, su hermana. Enviaron pues sus hermanas a Él, diciendo: 'Señor, he aquí que el que amas está enfermo'. Y oyéndolo Jesús, dijo: 'Esta enfermedad no es para muerte, mas por gloria de Dios, para que el Hijo de Dios sea glorificado por ella'. Como oyó pues que estaba enfermo, quedóse aún dos días en aquel lugar donde estaba. Vino pues Jesús, y halló que había ya cuatro días que estaba en el sepulcro. Entonces Marta, como oyó que Jesús venía, salió a encontrarle; mas María se estuvo en casa. Y Marta dijo a Jesús: 'Señor,

si hubieses estado aquí, mi hermano no fuera muerto'. Díjole Jesús: 'Resucitará tu hermano'. Mas María, como vino donde estaba Jesús, viéndole, derribóse a sus pies, diciéndole: 'Señor, si hubieras estado aquí, no fuera muerto mi hermano'. Jesús entonces, como la vio llorando, y a los judíos que habían venido juntamente con ella llorando, se conmovió en espíritu, y turbóse, y dijo: '¿Dónde le pusisteis?'. Dijéronle: 'Señor, ven, y ve'. Y lloró Jesús. Y Jesús, conmoviéndose otra vez en Sí mismo, fue al sepulcro. Dijo Jesús: 'Quitad la piedra'. Marta, la hermana del que se había muerto, le dijo: 'Señor, hiede ya, que es de cuatro días'. Jesús le dijo: '¿No te he dicho que, si creyeres, verás la gloria de Dios?'. Y habiendo dicho estas cosas, clamó a gran voz: 'Lázaro, ven fuera'. Y el que estaba muerto, salió, atadas las manos y los pies con vendas; y su rostro estaba envuelto en un sudario. Díjoles Jesús: 'Desatadle, y dejadle ir'". *La Santa Biblia, op. cit.,* San Juan, 11:1, 3, 4, 6, 17, 20, 21, 23, 32, 33-35, 38-40, 43, 44.
24. El Evangelio armenio de la infancia, *op. cit.,* XVII, 4.
25. Fulcanelli: *Las moradas filosofales.* Traducción de Vicente Villacampa. 5º edición. Plaza y Janés, S.A., Editores. Barcelona. 1978. p. 295.
26. El Evangelio armenio de la infancia, *op. cit.,* XVII, 4.
27. El Salvador –adulto ya– repitió tres veces este milagro. Y cuando resucitó, durante los cuarenta días de su estadía en la Tierra, volvió a realizarlo. Transcribimos los capítulos y versículos de los evangelios canónicos respectivos:
"En aquellos días, como hubo gran gentío, y no tenían qué comer, Jesús llamó a sus discípulos, y les dijo: 'Tengo compasión de la multitud, porque ya hace tres días que están conmigo, y no tienen qué comer; y si los enviare en ayunas a sus casas, desmayarán en el camino, porque algunos de ellos han venido de lejos. Y sus discípulos le respondieron: '¿De dónde podrá alguien hartar a estos de pan aquí en el desierto?'. Y les preguntó: '¿Cuántos panes tenéis?'. Y ellos dijeron: 'Siete'. Entonces, mandó a la multitud que se recostase en tierra; y tomando los siete panes, habiendo dado gracias, partió y dio a sus discípulos que los pusiesen delante: y los pusieron delante de la multitud. Tenían también unos pocos pececillos: y los bendijo, y mandó que también los pusiesen delante. Y comieron, y se hartaron; y levantaron de los pedazos que habían sobrado siete espuertas. Y eran los que comieron como cuatro mil; y los despidió". *La Santa Biblia,* San Marcos, 8:1-9.
"Y aconteció que, estando Él junto al lago de Genezaret, las gentes se agolpaban sobre Él para oír la Palabra de Dios. Y vio dos barcos que estaban cerca de la orilla del lago; y los pescadores, habiendo descendido de ellos, lavaban sus redes. Y entrando en uno de estos

barcos, el cual era de Simón, le rogó que lo desviase de tierra un poco; y sentándose, enseñaba desde el barco a las gentes. Y como cesó de hablar, dijo a Simón: 'Tira a alta mar, y echad vuestras redes para pescar'. Y respondiendo, Simón le dijo: 'Maestro, habiendo trabajado toda la noche, nada hemos tomado; mas, en tu palabra, echaré la red'. Y habiéndolo hecho, encerraron gran multitud de pescado que su red se rompía. E hicieron señas a los compañeros que estaban en el otro barco, que viniesen a ayudarles; y vinieron, y llenaron ambos barcos, de tal manera que se anegaban". *Ibíd.*, San Lucas, 5:1-7.

"Y saliendo Jesús, vio grande multitud, y tuvo compasión de ellos, porque eran como ovejas que no tenían pastor; y les comenzó a enseñar muchas cosas. Y como ya fuese el día muy entrado, sus discípulos llegaron a Él, diciendo: 'El lugar es desierto y el día ya muy entrado; envíalos para que vayan a los cortijos y aldeas de alrededor, y compren para sí pan, porque no tienen qué comer'. Y respondiendo Él, les dijo: 'Dadles de comer vosotros'. Y le dijeron: '¿Que vayamos y compremos pan por doscientos denarios y les demos de comer?'. Y Él les dijo: '¿Cuántos panes tenéis? Id, y vedlo'. Y sabiéndolo, dijeron: 'Cinco, y dos peces'. Y les mandó que hiciesen recostar a todos por partidas sobre la hierba verde. Y se recostaron por partidas, de ciento en ciento, y de cincuenta en cincuenta. Y tomados los cinco panes y los dos peces, mirando al cielo, bendijo y partió los panes, y dio a sus discípulos para que los pusiesen delante; y repartió a todos los peces. Y comieron todos, y se hartaron, y alzaron de los pedazos doce cofines llenos, y de los peces. Y los que comieron eran cinco mil hombres". *Ibíd.*, San Marcos, 6:34-44.

"Después, se manifestó Jesús otra vez a sus discípulos en la mar de Tiberias; y manifestóse de esta manera. Estaban juntos Simón, Pedro y Tomás, llamado el Dídimo, y Natanael, el que era de Caná de Galilea, y los hijos de Zebedeo, y otros dos de sus discípulos. Díjoles Simón: 'A pescar voy'. Dijéronle: 'Vamos nosotros también contigo'. Fueron, y subieron en una barca; y aquella noche no cogieron nada. Y venida la mañana, Jesús se puso a la ribera; mas los discípulos no entendieron que era Jesús. Y díjoles: 'Mozos, ¿tenéis algo qué comer?'. Respondiéronle: 'No'. Y Él les dijo: 'Echad la red a la mano derecha del barco, y hallaréis'. Entonces la echaron, y no la podían en ninguna manera sacar por la multitud de los peces. Entonces, aquel discípulo al cual amaba Jesús, dijo a Pedro: 'El Señor es'. Y Simón Pedro, como oyó que era el Señor, ciñóse la ropa, porque estaba desnudo, y echóse a la mar. Y los otros discípulos vinieron con el barco –porque no estaban lejos de tierra, sino como a doscientos codos–, trayendo la

red de peces. Y como descendieron a tierra, vieron ascuas puestas, y un pez encima de ellas, y pan. Díjoles Jesús: 'Traed de los peces que cogisteis ahora'. Subió Simón Pedro, y trajo la red a tierra, llena de grandes peces, ciento cincuenta y tres: y siendo tantos, la red no se rompió. Díjoles Jesús: 'Venid, comed'. Y ninguno de los discípulos osaba preguntarle: '¿Tú quién eres?', sabiendo que era el Señor. Vino, pues, Jesús y tomó el pan, y les dio, y asimismo del pez. Esta era ya la tercera vez que Jesús se manifestaba a sus discípulos, habiendo resucitado de los muertos". *Ibíd.*, San Juan, 21:1-14.
28. *El Evangelio armenio de la infancia, op. cit.*, XVIII, 2.
29. *Ibíd.*
30. *Ibíd.*, XX, 1.
31. La sabiduría innata de Jesús, la da a conocer también Publius Lentulius, gobernador de Judea, en la carta que envió al emperador Tiberio y que aparece reproducida en el capítulo VIII de esta obra.
32. *El Evangelio armenio de la infancia, op. cit.*, XX, 8.
33. Santo Tomás: *Historia de la infancia de Jesús*, XI, 1-7. Información tomada de internet.
34. *El Evangelio árabe de la infancia, op. cit.*, XL, 1.
35. *El Evangelio armenio de la infancia, op. cit.*, XX, 9.
36. *El Evangelio árabe de la infancia, op. cit.*, XXXVI, 2.
37. *El Evangelio armenio de la infancia, op. cit.*, XX, 9.
38. Jesús, durante su *vida pública*, repitió este milagro, cerca de la ciudad de Jericó, devolviendo la vista al ciego Bartimeo. El evangelista Marcos, a diferencia de Mateo y de Lucas, narra prolijamente el suceso sobrenatural:
"Entonces vienen a Jericó: y saliendo Él de Jericó, y sus discípulos y una gran compañía, Bartimeo, el ciego, hijo de Timeo, estaba sentado junto al camino, mendigando. Y oyendo que era Jesús el Nazareno, comenzó a dar voces y decir: 'Jesús, Hijo de David, ten misericordia de mí'. Y muchos le reñían que callase; mas él daba mayores voces: 'Hijo de David, ten misericordia de mí'. Entonces, Jesús, parándose, mandó llamarle: y llamaron al ciego, diciéndole: 'Ten confianza; levántate, te llama'. Él, entonces, echando su capa, se levantó, y vino a Jesús. Y respondiendo, Jesús le dijo: '¿Qué quieres que te haga?'. Y el ciego le dijo: 'Maestro, que cobre la vista'. Y Jesús le dijo: 'Ve, tu fe te ha salvado'. Y luego cobró la vista, y seguía a Jesús en el camino". *La Santa Biblia, op. cit.*, San Marcos, 10:46-52.
Mateo afirma que fueron dos los ciegos a quienes el Redentor restituyó la vista, según lo da a conocer en 20:29-34.
39. *El Evangelio armenio de la infancia, op. cit.*, XXIV, 6.

40. Veinte años después, cuando Jesús predicaba por Galilea, "un leproso vino a Él, rogándole; e hincada la rodilla, le dijo: 'Si quieres, puedes limpiarme'. Y Jesús, teniendo misericordia de él, extendió su mano, y le tocó. Y le dijo: 'Quiero, sé limpio. Y así que hubo Él hablado, la lepra se fue luego de aquél, y fue limpio. Entonces, le apercibió, y despidióle luego, y le dijo: 'Mira, no digas a nadie nada; sino ve, muéstrate al sacerdote, y ofrece por tu limpieza lo que Moisés mandó, para testimonio a ellos'. Mas el salido comenzó a publicarlo mucho, y a divulgar el hecho, de manera que ya Jesús no podía entrar manifiestamente en la ciudad, sino que estaba fuera en los lugares desiertos; y venían a Él de todas partes". *La Santa Biblia, op. cit.,* San Marcos, 1:40-45.
Jesús, en una de sus travesías hacia Jerusalén, decuplicó el mismo milagro:
"Aconteció que, yendo Él a Jerusalem, pasaba por medio de Samaria y de Galilea. Y entrando en una aldea, viniéronle al encuentro diez leprosos, los cuales se pararon de lejos, y alzaron la voz, diciendo: 'Jesús, Maestro, ten misericordia de nosotros'. Y como Él los vio, les dijo: 'Id, mostraos a los sacerdotes'. Y aconteció que, yendo ellos, fueron limpios. Entonces, uno de ellos, como vio que estaba limpio, volvió glorificando a Dios a gran voz; y derribóse sobre el rostro a sus pies, dándole gracias; y éste era samaritano. Y respondiendo Jesús, dijo: '¿No son diez los que fueron limpios? ¿Y los nueve dónde están? ¿No hubo quién volviese y diese gloria a Dios, sino este extranjero?'. Y díjole: 'Levántate, vete; tu fe te ha salvado'". *La Santa Biblia, op. cit.,* San Lucas, 17:11-19.

Capítulo VI

Pubertad de Jesús

Cuando Jesús cumplió doce años de edad, subió con sus padres a Jerusalén para la fiesta de la Pascua. Al terminar la celebración, sus padres emprendieron el regreso a Nazaret, sin percatarse de que Jesús se había quedado en el templo, con los pontífices, los doctores de Israel y con los ancianos del pueblo, con quienes armoniosamente dialogaba, preguntando y respondiendo diversos puntos de doctrina; entre aquellos, Jesús propuso a los doctores la siguiente erotema:

—¿De quién es hijo el Mesías?[1]

Y ellos respondieron:

—De David.

Pero Jesús replicó:

—Entonces, ¿por qué David, bajo la inspiración de Dios, lo llama su Señor, cuando escribe: "Dijo el Señor a mi Señor: 'Siéntate a mi diestra, para que humille a tus enemigos bajo el escabel de tus pies'"?[2]

Y el más anciano de los doctores repuso:

—¿Has leído los libros santos?

Y Jesús dijo:

—Los libros, el contenido de los libros y la explicación de los libros de la Thora,[3] de los mandamientos, de las leyes y de los misterios contenidos en las obras de los profetas.[4]

Y el doctor, dirigiéndose a sus colegas, dijo:

—Por mi fe que hasta el presente no he oído un saber semejante. ¿Qué llegará a ser este niño que cuando se expresa parece que habla Dios?

Cuando sus padres advirtieron la ausencia de Jesús, regresaron a Jerusalén y, después de haberlo buscado durante tres días, lo encontraron en el templo, sentado entre los doctores, y debatiendo con ellos.

Acercándose a Él, su madre le dijo:

—Hijo mío, ¿por qué nos has tratado de esta suerte? He aquí que tu padre y yo te buscamos con extrema fatiga.

Y Él repuso:

—¿Por qué me buscáis? ¿No sabéis que debo estar en la casa de mi Padre?[5]

Ellos no comprendieron el sentido de sus palabras; y los doctores interrumpieron:

—¿Es este tu hijo, María?

Ella contestó:

—Sí.

Y ellos dijeron:

—¡Bienaventurada eres, oh, María, por tal maternidad!

Y Jesús volvió con sus padres a Nazaret.[6]

Notas del capítulo VI

1. *El Evangelio árabe de la infancia, op. cit.,* L, 2.
2. Ibíd.
3. La Thora comprende los cinco libros de Moisés: el Génesis, el Éxodo, el Levítico, los Números y el Deuteronomio.
4. *El Evangelio árabe de la infancia, op. cit.,* L, 3.
5. *Ibíd.,* LIII, 1.
6. El evangelista Lucas, en el mismo sentido, refiere: "E iban sus padres todos los años a Jerusalem conforme la costumbre del día de la fiesta de la Pascua. Y cuando fue de doce años, subieron ellos a Jerusalem conforme la costumbre del día de la fiesta. Y acabados los días, volviendo ellos, se quedó el Niño Jesús en Jerusalem, sin saberlo José y su madre. Y pensando que estaba en la compañía, anduvieron camino de un día; y le buscaban entre los parientes y entre los conocidos; mas como ellos no lo hallasen, volvieron a Jerusalem, buscándole. Y aconteció que tres días después le hallaron en el templo, sentado en medio de los doctores, oyéndoles y preguntándoles. Y todos los que oían, se pasmaban de su entendimiento y de sus respuestas. Y cuando le vieron, se maravillaron; y díjole su madre: 'Hijo, ¿por qué nos has hecho así? He aquí que tu padre y yo te hemos buscado con dolor'. Entonces, Él le dijo: '¿Qué hay? ¿Por qué me buscabais? ¿No sabíais que en los negocios de mi Padre me conviene estar?'. Mas ellos no entendieron las palabras que les habló. Y descendió con ellos, y vino a Nazaret, y estaba sujeto a ellos". *La Santa Biblia, op. cit.,* San Lucas, 2:41-51.

Capítulo VII

El gran enigma: revelación de la vida oculta de Jesús

La incógnita se propuso tácitamente hace dos mil años, aproximadamente.

Los evangelistas sinópticos, así como el evangelista místico, enigmáticamente, guardaron **silencio** absoluto respecto de la adolescencia y juventud de Jesús.

Mateo –simbolizado con el ángel– relata el nacimiento de Jesucristo, aseverando que nació de una virgen madre;[1] que cuando vio la luz,[2] en Belén, fue adorado por magos que llegaron del oriente;[3] pero ante el celo y furor de Herodes, José con María y Jesús huyeron a Egipto,[4] para volver después a Nazaret cuando aquél murió.[5] Se interrumpe el sagrado relato y, de repente, el evangelista presenta a Juan Bautista, anunciando el advenimiento del Mesías,[6] para luego recibir el bautismo de aquél.

Con Marcos –simbolizado con el león–, Jesús aparece de súbito en el río Jordán, es bautizado por Juan,[7] el Espíritu Santo desciende sobre Él,[8] y enseguida lo impele al desierto de Judea.[9]

Lucas –simbolizado con el buey– describe el divino nacimiento del Señor;[10] el anuncio del ángel a los pastores,[11] su visita a Belén;[12] la consagración del Niño Jesús al Señor Dios;[13] la predicción de Simeón;[14] el oráculo de la profetisa Ana,[15] y Lucas cierra la semblanza cuando Jesús cumple doce años y es encontrado en el templo de Jerusalén debatiendo con los doctores de Israel.[16]

Juan —simbolizado con el águila— presenta repentinamente a Jesús cuando éste va al encuentro de Juan Bautista, el mismo que al verlo exclama: "He aquí el Cordero de Dios, que quita el pecado del mundo";[17] "el que bautiza con el Espíritu Santo."[18]

Como se aprecia, ninguno de los evangelistas canónicos da referencia alguna con respecto a la adolescencia y juventud de Jesús.

Sin embargo, hay indicaciones *a priori* que vigorizan tanto la concepción seglar —científica— como la concepción iniciática —esotérica—, que sostienen que el Nazareno no pasó esas etapas de su vida en Galilea.

¿Dónde estuvo, pues, Jesús de los trece a los veintinueve años de edad?

Tomando *ab initio*, como prueba irrebatible, el Evangelio de Mateo, éste nos informa que el Galileo, al **volver** a Nazaret, los instruía en la sinagoga, de tal manera que ellos estaban atónitos y decían: "¿De dónde tiene éste esta sabiduría y estas maravillas?"[19]

Esta información nos ilustra que Jesús, indubitablemente, en su juventud no estuvo en Galilea, puesto que, de lo contrario, los nazarenos no se hubieran admirado de sus maravillas. Es, pues, evidente que solamente la Virgen María y sus putativos hermanos y hermanas se quedaron residiendo en Nazaret, ya que, incluso, lo confirma el comentario de sus propios coterráneos:

> ¿No es éste el hijo del carpintero? ¿No se llama su madre María, y sus hermanos, Jacobo y José, y Simón, y Judas? ¿Y no están **todas sus hermanas con nosotros**? ¿De dónde, pues, tiene éste todas estas cosas?[20]

Finalmente, como un lucero en las tinieblas, reluce la verdad cuando el evangelista dice:

> Y **venido a su tierra**, les enseñaba en la sinagoga de ellos.[21]

El Evangelio de los hebreos corrobora estos sucesos:

> Jesús en Nazaret.
> Se marchó de allí y volvieron a Galilea, porque quería ir a Nazaret a ver a su madre.
> Y llegando a su patria, estuvo con su familia. Luego, predicó al pueblo en la sinagoga, de modo que se asombraban y decían: "¿De dónde le viene a éste tal sabiduría y el poder milagroso? ¿No es éste el hijo del carpintero? ¿No se llama su madre María, y sus hermanos Santiago, José Simón y Judas?"[22]

Pero el Evangelio de Juan es rotundo en dar una indicación más directa de que Jesús –siendo joven– dejó Palestina para **volver** después de muchos años a su patria. Esto se reafirma cuando el evangelista reproduce la declaración –esotérica– de Juan Bautista:

> Mas en medio de vosotros ha estado a quien vosotros no conocéis.[23]

Haciéndose aun más evidente su **ausencia**, cuando el profeta declara:

> Yo no le conocía; pero mi misión y mi bautismo con agua eran para Él, para que Él **se diera a conocer** al pueblo de Israel.[24]

Según la corriente seglar –científica–, Jesús abandonó Nazaret a los trece años de edad.

Se aproximaba ya a los catorce años, edad límite, entre los hebreos, para contraer esponsales; por lo que decidió abandonar Galilea.

Pero ¿qué destino tomó Jesús, a esa edad, que lo condujese a su realización?

El Medio Oriente.

Se encaminó, en una caravana de mercaderes, hacia la India.

A los catorce años de edad, cruzó el río Sindh y se estableció entre los aryas.

Prosiguiendo su marcha, llegó al *país de los cinco ríos*, donde los creyentes del dios Jaina le suplicaron que se quedara entre ellos. Pero Jesús prosiguió su ruta hacia Jagannath –o Juggernaut–, en el país de Orissa –u Osiris–, siendo recibido con regocijo por los sacerdotes brahmanes, quienes le mostraron para su lectura y exégesis los libros sagrados de los vedas.[25]

Vivió en agradable armonía con los vaishyas y con los shudras, enseñándoles las escrituras sagradas.

Los brahmanes lo invitaron a que deje la hospitalidad de los shudras y tome las creencias de aquellos. Mas Jesús pretirió la invitación y predicó entre los shudras las desigualdades que se daban entre los brahmanes y los kshatriyas.

Condenaba la esclavitud, puesto que Dios no había establecido diferencias entre sus hijos, pues todos eran igualmente amados por Él.

Combatió la idolatría y propugnó el monoteísmo: la adoración a un solo Dios verdadero.

Advertido por aquellos de que se atentaba ya contra su vida, Jesús abandonó Jagannath, hasta que llegó al país de Gautamides.

En el Himalaya –en el Nepal meridional–, Jesús enseñó los preceptos de los rollos sagrados a los shudras y, después de seis años, descendió al valle de Rajputana, y se encaminó hacia el oeste, para después entrar en Persia, donde los sacerdotes ordenaron su prendimiento, permitiendo luego un prolongado diálogo con Él. Mas, durante la noche, tomaron la resolución de expulsarlo hacia los extramuros de la ciudad. Pero Jesús, incansable, continuó su camino, durante el cual decidió tornar a Israel.

Pero ¿cuál es el sustento irrebatible que demuestra que Jesús de Nazaret vivió doce años por el Medio Oriente?

Nicolai Notovitch asegura que en su viaje por la India, al haberse detenido en su itinerario en el *pequeño Tíbet* –región que comprende Cachemira y Ladekh–, visitó la lamasería de Hemis –o Himis–, y después de haber sostenido una interesante plática con el lama superior, Notovitch le comentó que, en su visita a la lamasería de Moulbek –del pueblo de Wakha–, le habían relatado reveladores sucesos del profeta Issa,[26] conocido como tal en la India —pero cuyo nombre en Occidente era *Jesús de Nazaret*—, rogándole que le diera, de ser posible, mayor información sobre el renombrado Santo. El lama le contestó que el nombre de Issa era muy respetado entre los budistas, pero que era conocido con exactitud únicamente por los lamas importantes, que habían leído los rollos que relataban su vida; que, sin embargo, su monasterio —de Hemis— preservaba un gran número de estos rollos y que, entre ellos, aparecía la etopeya del profeta Issa, quien **enseñó las doctrinas sagradas** en la India y entre los hijos de **Israel**. Luego, el lama hizo hincapié en que las masas, sin embargo, ignoraban esto, ya que muy contados eran los que lo conocían sublimemente.

En este punto, Notovitch interrogó al lama sobre si era posible mostrar a un extranjero dichos rollos. El lama replicó que lo que le pertenece a Dios pertenece también a los hombres, pero que, dada la complejidad de su búsqueda, en ese momento era imposible mostrárselos; sin embargo, le prometía que, en otra ocasión que visitara la lamasería, los tendría preparados para mostrárselos con mucho gusto.

Es así que Notovitch emprendió el regreso a la ciudad de Leh, pero tomó la precaución de enviarle un presente con una epístola, en la que le remembraba que, antes de abandonar definitivamente Ladakh, visitaría, por segunda vez, la lamasería de Hemis.

Empero, en el trayecto, Notovitch sufrió un accidente: la fractura ósea de una pierna; pidió entonces que se le atendiera en la lamasería de Hemis.

Refiere Notovitch que, estando inmovilizado en su aposento, y mientras un joven iba girando ininterrumpidamente el cilindro de oraciones junto a su lecho, el venerable anciano que gobernaba la lamasería trajo dos grandes paquetes de libros vetustos, procediendo luego a dar lectura referente a la biografía del profeta Issa, lo que no desaprovechó el periodista ruso para tomar nota de las partes más importantes de su vida, y finalmente lograr la traducción de doscientos cuarenta y cuatro versos concernientes directamente a Jesucristo.

Cuando Nicolai Notovitch volvió a Occidente publicó, en 1894, en francés, el libro *La Vie Inconnue de Jesus-Christ*, que causó gran revuelo, pero, a la vez, tuvo algunos detractores, pues no es nada fácil romper los diques del misoneísmo.

Sin embargo, en 1984, Elizabeth Clare Prophet, en su obra *Los años perdidos de Jesús*, afirma que, en 1922, el filósofo hindú Swami Abhedananda se constituyó al monasterio de Himis y confirmó la versión de Notovitch, la que fue ratificada, en 1925, por el artista ruso Nikolai Roerich, que residió temporalmente en Himis y publicó escritos concordantes con los de Notovitch.

Finalmente, Andreas Faber-Kaiser, en *Jesús vivió y murió en Cachemira*, asegura que cualquier estudioso puede acudir a la biblioteca de la lamasería de Hemis, y encontrará allí los manuscritos de referencia.

A continuación, la traducción *ad litteram* de los versos tibetanos mencionados:

> Poco tiempo después, un hermoso niño nació en el país de Israel; el mismo Dios habló por boca de este niño, explicando la insignificancia del cuerpo y la grandeza del alma. Los padres de este niño eran gente pobre, que pertenecían a una familia distinguida por su piedad, que había olvidado su antigua grandeza sobre la Tierra, celebrando el nombre del Creador y agradeciéndole las desgracias con que los había provisto. Para premiar a esta familia por el hecho de haber permanecido firme en el camino de la verdad, Dios bendijo a su primogénito y lo eligió para que redimiera a aquellos que habían caído en desgracia y para que curara a aquellos que estaban sufriendo. El niño divino, al que dieron el nombre de Issa, comenzó a hablar, siendo aún un niño, del Dios uno indivisible, exhortando a la gran masa descarriada a arrepentirse y a purificarse de las faltas en que habían incurrido. La gente acudió de todas partes para escucharlo y quedó maravillada ante las palabras de sabiduría

que surgían de su boca infantil; los israelitas afirmaban que en este niño moraba el Espíritu Santo. Cuando Issa alcanzó la edad de trece años, la época en que un israelita debe tomar una mujer, la casa en que sus padres se ganaban el pan mediante una labor modesta comenzó a ser sitio de reunión de la gente rica y noble que deseaba tener al joven Issa por yerno, siendo así que en todos lados era conocido por sus discursos edificantes en nombre del Todopoderoso. Fue entonces cuando Issa desapareció secretamente de la casa de sus padres, abandonó Jerusalén y se encaminó con una caravana de mercaderes hacia Sindh, con el propósito de perfeccionarse a sí mismo en el conocimiento divino y de estudiar las leyes de los grandes Budas.

Estos versos terminan la cuarta parte de los manuscritos originales que relatan la vida de Issa.

Prosigue el manuscrito de la narración de la vida de Jesús diciendo que a los catorce años cruzó el Sindh[27] y se estableció entre los aryas, en el país preferido de Dios. La fama del joven Jesús se extendió rápidamente por toda la región norte del Sindh; cuando cruzó el país de los cinco ríos, los devotos del dios Jaina le imploraron que se quedara entre ellos. Pero Él los dejó y siguió caminando hacia Jagannath, en el país de Orissa, donde yacían los restos mortales de Vyasa-Krishna. Aquí fue recibido con gran alegría por los sacerdotes de Brama, que le enseñaron a leer y comprender los vedas, a salvarse mediante las oraciones, a explicar las Sagradas Escrituras al pueblo, a expulsar el espíritu del mal del cuerpo humano y devolverle su forma humana. Jesús vivió seis años en las ciudades de Jagannath, Rajagriha, Benares y otras consideradas sagradas por los hindúes. Todo el mundo le quería y vivió en paz con los vaishyas[28] y shudras,[29] a quienes enseñó la Sagrada Escritura.

Jesús se granjeó las primeras antipatías cuando habló de la igualdad de los hombres,[30] ya que los brahmanes tenían esclavizados a los shudras y opinaban que sólo quedarían libres de su esclavitud con la muerte. Invitado por los brahmanes a abandonar la compañía de los shudras y a abrazar las creencias brahmánicas, Jesús rechazó esta invitación y fue a predicar entre los shudras contra los brahmanes[31] y los kshatriyas.[32] Condenó gravemente la doctrina que da a los hombres el poder de robar a otros hombres sus derechos humanos, y defendió la creencia de que Dios no había establecido diferencias entre sus hijos, que eran todos igualmente amados por Él. También se empeñó Jesús en combatir la idolatría y defender la creencia en un solo y único Dios todopoderoso. Finalmente, debido a su labor en favor de los shudras, los sacerdotes brahmánicos decidieron su muerte, y con esta intención enviaron a sus servidores en busca del joven profeta. Pero Jesús, advertido del peligro por los shudras, abandonó Jagannath de noche, alcanzó las montañas y se estableció en el país de Gautamides, en el que había nacido el gran Buda Shakya-Muni, entre el pueblo que adoraba al único y sublime Brahma.

Habiendo aprendido perfectamente la lengua pal, Jesús se entregó al estudio de los rollos sagrados de los sutras. Seis años después, Jesús estaba capacitado para explicar perfectamente los rollos sagrados. Entonces, abandonó el Nepal y las montañas del Himalaya, descendió al valle de Rajputana y se encaminó hacia el oeste. A su paso, Jesús iba hablando a las gentes en favor de la abolición de la esclavitud, al tiempo que pregonaba la existencia de un único Dios indivisible e instaba al pueblo a destruir los ídolos y a abandonar su creencia en los falsos dioses.

Así, cuando Jesús entró en Persia, los sacerdotes se alarmaron y prohibieron al pueblo que escuchara sus palabras. Pero como el pueblo le escuchara, los sacerdotes le hicieron prender y entablaron un largo diálogo con Él. En el curso de este diálogo, Jesús intentó convencerles de que abandonasen el culto al Sol y el culto a un Dios del Bien y a un Dios del Mal, explicándoles que el Sol era sólo un instrumento creado por el Dios único y que el Dios único era un Dios del Bien, y que no existía ningún Dios del Mal.

Habiéndole escuchado los sacerdotes, resolvieron no causarle ningún daño; pero, durante la noche, mientras todo el pueblo dormía, le prendieron y lo llevaron fuera de las murallas, abandonándolo ahí con la esperanza de que sería pronto presa de las fieras salvajes. Pero Jesús continuó su camino sano y salvo.[33]

Al advertir Jesús que era incomprendido –por su pensamiento avanzadísimo–[34] y que se estaba ya atentando contra su vida, tomó la irretractable decisión de abandonar la India.

Pero ¿había algo más en su conciencia que todavía lo inquietaba?

Sí, tenía que recibir aún la real y suprema transmisión ritual de la milenaria tradición sacerdotal melquisediana,[35] por lo que tomó la resolución de tornar a Palestina.

A los veintisiete años de edad, llegó a las fronteras de Israel.

Pasó inadvertido por Galilea, Samaria y Judea, y se encaminó directamente hacia Qumran, cerca de Engadi, a orillas del mar Muerto, sede del Centro Iniciático Esenio, pues su pensamiento convergía con el de aquellos excepcionales adeptos, ya que –como asevera Filón de Alejandría– los esenios servían a Dios "con gran piedad, no ofreciéndole víctimas, sino santificando su espíritu."[36, 37]

Huían de las poblaciones "y se dedicaban a las artes de la paz."[38] No existía entre ellos un solo esclavo; todos eran libres y trabajaban unos para otros.

Según Josefo,[39] los esenios "eran de ejemplar moralidad; se esforzaban en reprimir toda pasión y todo movimiento de cólera; siempre benévolos en sus relaciones, apacibles, de la mejor fe. Soportaban con admirable fuerza de alma y con la sonrisa en los labios las más crueles torturas antes que violar el menor precepto religioso."[40]

Los esenios constituyeron, evidentemente, en la Edad Antigua, una pequeña sociedad, cuantitativa y cualitativamente, singular. No tenían como valor teleológico la *valentía*, sino el valor supremo de la **paz**, concomitante con el de la **santidad**, del cual se diseminaban otros, como los valores de libertad, concordia, solidaridad, benevolencia y bondad, axiológicamente superiores al de *valentía* que caracterizó a las sociedades —exotéricas— de aquella Edad.

Concluye Filón de Alejandría[41] que:

> Este es, pues, el sistema envidiable de vida de estos esenios, en el cual no solamente individuos privados, sino hasta reyes poderosos, que admiran los hombres, veneran su secta y aumentan su dignidad y majestad a un grado todavía mayor mediante su aprobación y por los honores que les confieren.[42]

Cuando Jesucristo se aproximaba ya a Engadi se vislumbraba, a lo lejos, la imagen de un varón de esbelta silueta, de estatura algo más que mediana, vestido con nívea túnica —larga y de mangas completas— y manto exterior —*talitha*—, que venía sin alforja, sin ceñidor ni báculo.

Tanto más se aproximaba, más se clarificaban sus rasgos: "El reflejo del sol en su cabeza acentuaba el color castaño tirando a rubio oro de su cabellera larga y espesa, ligeramente ondulada y dividida en medio de la frente."[43] Hasta que apareció muy cerca, con un aspecto modesto y benigno, pero, a la vez, "con una presentación muy noble y de grandísima dignidad."[44]

Fue recibido solemnemente por el Hermano Esenio Superior de la Orden y "saludado como un elegido",[45] pues sería el honorabilísimo recipiendario de la qabbala de Melquisedec, de Moisés y Aarón, y de toda la tradición sagrada de los profetas hebreos.

Su estadía temporal en la cofradía de Qumran era la culminación esotérica de su divina misión, el coronamiento de su "vida oculta."[46]

Jesucristo tenía veintinueve años de edad cuando se le confirió el sacro-grado supremo de la venerable Iniciación, por el cual, solemnemente, se le distinguía como el verdadero Mesías[47] y Rey Justo y Salvador[48] anunciado y esperado durante siete siglos por los profetas y el pueblo israelita: "Es la plenitud de los tiempos. La Gran Promesa va a cumplirse: la Redención está próxima."[49]

Reunidos los dignatarios esenios en una gruta tallada en los acantilados del mar Muerto –en la cual se había esculpido un altar de roca apropiado para las insignes ceremonias– y, en tanto, el santo recipiendario –revestido de blanco lino– esperaba de pie, el Superior cofrade asió el cáliz de oro –que contenía el rojo-grana elixir bendito de uvas–[50] y a la vez que pronunciaba –con voz queda– las palabras sagradas, lo alzó con ritual majestad hacia el cielo, como ofrenda a Dios omnipotente[51] y, después de dar gracias, lo presentó al níveo recipiendario, quien bebió, del cáliz, el vino consagrado.[52]

"En adelante era libre, dueño de sus actos, hierofonte por Sí, entregado al viento del Espíritu."[53]

Después de mucho tiempo, Jesucristo volvió a Galilea. Mas, cuando alcanzaba los treinta años de edad, se alejó de Nazaret y se dirigió hacia Betábara, en busca de Juan Bautista, para que éste lo bautizara; y así fue: el Profeta lo bautizó en el río Jordán, "y orando, el cielo se abrió, y descendió el Espíritu Santo sobre Él."[54]

Luego, el Espíritu lo impelió hacia el desierto "y estuvo allí cuarenta días, y era tentado de Satanás; y estaba con las fieras; y los ángeles le servían."[55]

Notas del capítulo VII

1. La Santa Biblia, op. cit., San Mateo, 1:19-20.
2. Ibíd., 2:1.
3. Ibíd.
4. Ibíd., 2:13.
5. Ibíd., 2:20.
6. Ibíd., 3:16.
7. San Marcos, 1:9.
8. Ibíd., 1:10.
9. Ibíd., 1:12.
10. San Lucas, 2:7.
11. Ibíd., 2:8-11.
12. Ibíd., 2:15-16.
13. Ibíd., 2:22-23.
14. Ibíd., 2:32.
15. Ibíd., 2:36, 38.
16. Ibíd., 2:41, 42, 46.
17. San Juan, 1:29.
18. Ibíd., 1:33.
19. La Santa Biblia, op. cit., San Mateo, 3:54. El reentintado es nuestro.
20. Ibíd., 13:56.
21. Ibíd., 13:54. El reentintado es nuestro.
22. Pseudo Leví Hispano: Evangelio de los hebreos. Editorial EDIBESA. Madrid. 2003. 67:1-3.
23. La Santa Biblia, op. cit., San Juan, 1:26. El reentintado es nuestro.
24. La Biblia Latinoamericana, op. cit., San Juan, 1:31. El reentintado es nuestro.
25. El Rig-Veda, compuesto aproximadamente 1 000 años antes de Cristo, comprende el Sama-Veda, el Atharva-Veda y el Yagur-Veda.
26. En el Corán, "Jesús –con el nombre de Issa– es mencionado 19 veces." Dr. Serge Raynaud de la Ferriere: Los grandes mensajes, op. cit., p. 533.
27. Sind: nombre primigenio del actual río Indo, que fluye por India y Pakistán y, formando un delta de 3 040 km, desemboca en el mar de Omán. La nota es nuestra.
28. Vaishyas: clase hindú de agricultores, comerciantes y protectores de las vacas –sagradas– (Bhagavad-gita 18.44). La nota es nuestra.
29. Shudras: es la cuarta clase de la sociedad hindú. Está conformada por la clase trabajadora. Entre estos se encuentran los artistas, actores, artesanos y músicos profesionales (Bhagavad-gita 18.44 y 16.1-3). La nota es nuestra.

30. Jesucristo, al predicar la igualdad de los seres humanos, se adelantó 1 776 años a los principios de igualdad establecidos en la Constitución Política de los Estados Unidos de América; 1 789 años a la Declaración de los Derechos del Hombre y del Ciudadano adoptada por la Revolución Francesa; y, asimismo, se adelantó 1 948 años a la Declaración Universal de los Derechos Humanos, proclamada por las Naciones Unidas. Ambas declaraciones reconocen que todos los hombres y mujeres nacen libres e iguales en dignidad y derechos. La nota es nuestra.
31. Brahmanes: es la clase privilegiada de la sociedad hindú. Está integrada por los sacerdotes e intelectuales del país. Son los más avanzados en el conocimiento espiritual (Bhagavad-gita 18.42). La nota es nuestra.
32. Kshatriyas: es la segunda clase. Detentan la administración pública y protegen a la sociedad de criminales e invasores (Bhagavad-gita 16.1-3). La nota es nuestra.
33. Información extraída de internet.
34. Cristo se adelantó diecisiete siglos a la abolición de la esclavitud.
35. La Santa Biblia, op. cit., Génesis, 14:18.
36. Citado por Eduardo Schure: Iniciaciones secretas de Jesús. Editorial Solar. Bogotá, Colombia. No aparece año de publicación. p. 40.
37. A continuación, la oración secular que el Divino Redentor enseñó a sus discípulos:
    "Padre nuestro, que estás en los Cielos, santificado sea tu nombre.
    Venga tu reino. Sea hecha tu voluntad, como en el Cielo, así también en la Tierra.
    Danos hoy nuestro pan cotidiano.
    Y perdónanos nuestras deudas, como también nosotros perdonamos a nuestros deudores.
    Y no nos metas en tentación, mas líbranos del mal: porque tuyo es el reino, y el poder, y la gloria, por todos los siglos. Amén."
    Esta es, pues, la oración vinculante esencial de todo cristiano con Dios.
38. Citado por Eduardo Schure, op. cit., p. 40.
39. Josefo, Flavio: historiador judío (37 a 100 d.C.), autor de Antigüedades judaicas.
40. Citado por Eduardo Schure, op. cit., p. 41.
41. Filón de Alejandría: famoso filósofo griego, apodado el Judío, nacido en Alejandría (20 a.C.) y muerto el 54 d.C. Su filosofía era una mixtura entre la de Platón y de la Biblia.
42. Citado por Darrell L. Bock: Descubra los misterios del Código Da Vinci. Editorial Caribe, Inc. Nashville, TN, USA. 2º impresión. 2004. p. 45.

43. Lewis Wallace: Ben-Hur. 2º edición. Editorial Bruguera, S.A. Barcelona. 1967. p. 478.
44. Epístola de Publius Lentulius, gobernador de Judea –uno de los antecesores de Poncio Pilatos–, remitida al emperador Tiberio, descubierta en 1914, en la biblioteca de los Padres Lazaristas, en Roma. Dr. Antonio Guevara Espinoza: Historia Universal. Oriente, Grecia y Roma. 12º edición. Editorial e Imprenta Enrique R. Lulli. Lima, Perú. No aparece año de publicación. p. 241.
45. La Santa Biblia, op. cit., Isaías, 42:1.
46. Hno. Herberto María: Historia de la Iglesia. (Publicación con autorización eclesial). Colección G. M. Bruño. Lima, Perú. 1943. p. 9. La cita se refiere únicamente a la frase "vida oculta".
47. La Santa Biblia, op. cit., Isaías, 35:4.
48. Ibíd., Zacarías, 9:9.
49. La Biblia. Editorial Codex, S.A., op. cit., p. 6.
50. Salmo 107, versículo 37.
51. Levítico, 23:13; y Números, 15:4-10.
52. En los Rollos del mar Muerto se describen ritos sagrados análogos a los instituidos por Jesús, como la Sagrada Cena, del Pan y del Vino – 1 a 28–, casi idéntica a la Última Cena reseñada por San Mateo, 26:17, 26-28.
    Los Rollos del mar Muerto han sido traducidos y publicados, en 1992, por Florentino García Martínez, bajo el rótulo: Textos de Qumran, por la Editorial Trotta, Madrid, España.
53. Eduardo Schure, op. cit., p. 44.
54. La Santa Biblia, op. cit., San Lucas, 3:21-22.
55. Ibíd., San Marcos, 1:12-13.

Capítulo VIII

Vida pública de Jesucristo: su Divina Misión exotérica

3 ¹εἶπον οὖν ˢπρὸς αὐτὸν οἱ ἀδελφοὶ αὐτοῦ²· μετά-
βηθι ἐντεῦθεν καὶ ὕπαγε εἰς τὴν ͹Ἰουδαίαν, ἵνα
καὶ οἱ μαθηταί σου ᶠθεωρήσουσιν ͹τὰ ἔργα σου⟩ ἃ
4 ποιεῖς· οὐδεὶς γὰρ ˢτι ἐν κρυπτῷ² ποιεῖ καὶ ζητεῖ
͹αὐτὸς ἐν παρρησίᾳ εἶναι.

Κατα Ιωαννην

> *Dixerunt autem ad eum fratres ejus:
> Transi hinc, et vade in Judaeam, ut et
> discipuli tui videant opera tua, quae
> facis. Nemo quippe in occulto quid
> facit, et quaerit ipse in palam esse: si
> haec facis, manifesta teipsum mundo.*

Joann,
7:3-4

> *Sus hermanos o parientes le dijeron:
> "Sal de aquí y vete a Judea, para que
> también aquellos discípulos tuyos vean
> las obras maravillosas que haces, puesto
> que nadie hace las cosas en secreto si
> quiere ser conocido: ya que haces tales
> cosas, date a conocer al mundo".*

Juan,
7:3-4

Después de aquel luengo ayuno, Jesucristo regresó a Galilea y se "fue a vivir a Cafarnaún",[1] en donde comenzó su Divina Misión exotérica.

Predicó en toda Galilea, instruyendo al pueblo sobre una nueva teología y moral:[2] la Buena Nueva del Reino de Dios;[3] haciendo patente el bien,[4] sanando todas las dolencias y enfermedades de la gente,[5] por lo que, insospechadamente, creció tanto su fama que lo seguían enormes multitudes, tanto de Israel como de Siria.[6]

Pronto su renombre traspasó las fronteras de Palestina y su fama llegó a Mesopotamia: a Edesa.

El rey Abgaro, de Edesa,[7] que sufría de una enfermedad incurable, en cuanto supo repetidamente que había aflorado en Israel un Salvador –bienhechor– de nombre Jesús de Nazaret, que sanaba toda clase de dolencias por su propio poder, remitióle una misiva a Jerusalén –a través del correo Ananías–, en la cual le suplicaba que lo sanara del mal que lo aquejaba.

He aquí copia literal –traducida– de la susodicha epístola:

> Abgaro Ucama Toparca, a Jesús, Salvador bueno que se mostró en la región de Jerusalén, salud:
>
> He oído acerca de ti y de tus curaciones, llevadas a cabo por ti mismo como si prescindieras de medicinas y de hierbas, pues, según la noticia que corre, haces que los ciegos vean y que los cojos anden, sanas a los leprosos y echas fuera es-

píritus impuros y demonios, sanas a los atormentados con enfermedades largas y resucitas muertos.

Tras oír esto de ti, creo que hay dos opciones. O eres Dios y, habiendo bajado del cielo, llevas a cabo estas obras, o puesto que las haces, eres el Hijo de Dios.

Por esta razón, he escrito suplicándote que vengas a mí y me sanes de mi enfermedad. También he sabido que los judíos murmuran contra ti y quieren tu mal. Mi ciudad, aunque pequeña, es responsable, y será suficiente para ambos.[8]

Cuando Jesucristo recibió la carta de Abgaro, y no obstante que estaba entonces por culminar en Jerusalén su Divina Misión, en una lacónica –pero sincera– epístola respondió al rey –por el mismo correo– lo siguiente:

Bienaventurado si creíste en Mí sin haberme visto. Pues de Mí está escrito que los que me han visto no crean, para que también los que no me han visto crean y sean salvos. Pero acerca de lo que me escribes que vaya a ti, me es preciso cumplir todo mi cometido aquí, y, una vez realizado, sea tomado al que me envió. Mas cuando haya sido tomado, te enviaré uno de mis discípulos para que te proporcione sanidad y vida a ti y a los tuyos.[9]

El Rey de reyes cumplió su palabra.

"Después de la ascensión de Jesús, Judas, llamado Tomás, envió como apóstol a Tadeo, uno de los setenta, el cual, habiendo llegado, se hospedó en casa de Tobías, hijo de Tobías. Cuando se extendió el rumor acerca de él, se comunicó a Abgaro que había ido a aquel lugar un apóstol de Jesús, de acuerdo con lo prometido por carta. Así pues, Tadeo empezó, con el poder de Dios, a sanar toda enfermedad y debilidad, de manera que todos quedaban maravillados. Cuando Abgaro oyó los grandes y admirables hechos, y cómo sanaba, sospechó que se trataba del discípulo del cual Jesús le había escrito en la carta cuando le dijo: 'Cuando sea tomado arriba en el aire, enviaré a uno de mis discípulos para sanar tu enfermedad'. Mandó llamar a Tobías, en casa del cual se hospedaba, y le dijo: 'He oído que posa en tu casa un hombre poderoso, envíamelo'. Tobías se dirigió a Tadeo y le dijo: 'Abgaro, Toparca, me llamó para decirme que te llevara a él para que le sanes'. Tadeo le dijo: 'Subiré yo, que he sido enviado a él con poder'. Madrugando el día siguiente, Tobías tomó a Tadeo y fue a Abgaro. Tadeo llegó estando en pie los magnates del rey, y en el preciso momento en que él entró se apareció a Abgaro una gran visión de la faz del apóstol Tadeo. Cuando Abgaro le vio, se prosternó ante Tadeo, sorprendiendo a los presentes, pues no veían la visión que sólo se apareció a Abgaro. Entonces preguntó a Tadeo: '¿Eres tú en verdad el discípulo de Jesús, el Hijo de Dios, que me dijo: *Te enviaré uno de mis discípulos, el cual te proporcionará sanidad y vida?*'. Y Tadeo dijo: 'Porque has creído en gran manera en el que me envió, he sido enviado a ti, y de nuevo, si creyeres en Él, tendrás los ruegos de tu corazón'. Abgaro respondió: 'Hasta tal punto creí que hasta incluso deseé tomar un ejército y destruir a los judíos que lo crucificaron, si no hubiera sido por el rechazo del Imperio Romano'. Pero Tadeo le dijo: 'Nuestro Señor cumplió la voluntad de su Padre'. Le dijo Abgaro: 'Yo también he creído en Él y en su Padre'. Y Tadeo respondió: 'Por esta misma razón, pongo mi mano sobre ti en su nombre'. Y al instante de hacerlo, Abgaro fue sanado de su enfermedad y de sus sentimientos. Abgaro se maravilló de que aquello que había oído acerca de Jesús ahora lo confirmaba con los hechos, por medio de su discípulo Tadeo, el cual, prescindiendo de medicinas y de hierbas, le sanó, y no sólo a él, sino también a Abdón, hijo de Abdón, que tenía gota. Éste también acudió a Tadeo y, postrándose a sus pies, fue sanado mientras suplicaba con sus manos. Tadeo también sanó a muchos conciudadanos y anunciaba la Palabra de Dios, haciendo maravillas y grandezas."[10, 11]

La nombradía del Príncipe de Paz siguió cruzando vastos horizontes, hasta que llegó a Occidente: a Roma.

Claudio Nerón Tiberio deseaba verlo.

Requirió información fidedigna de Él al gobernador de Judea, Publius Lentulius, el cual, de incógnito y confundido entre la multitud, logró aproximarse a Jesucristo y, después de verlo, envió una carta, dando respuesta, al emperador:

> El gobernador de Judea, Publius Lentulius, al Emperador romano.
>
> Supe, ¡oh, César!, que tú deseas saber algo respecto del hombre virtuoso que se llama Jesucristo y a quien el pueblo considera como profeta y como Dios, y de quien dicen sus discípulos que es el Hijo de Dios, Creador del Cielo y de la Tierra.
>
> En realidad, ¡oh, César!, se oyen de él diariamente cosas maravillosas. Para decirlo brevemente, él hace resucitar a los muertos y sana a los enfermos. Es hombre de mediana estatura, de un aspecto benigno, de grandísima dignidad, lo cual se manifiesta también en su rostro de una manera que, al considerarlo, uno infaliblemente siente la necesidad de amarlo y temerlo.
>
> Su pelo largo hasta las orejas tiene color de nueces maduras y desde allí, cayendo sobre las espaldas, es de un color brillante y dorado. En la mitad de la cabeza está dividido según usan los nazarenos. La frente está lisa y la cara, sin arrugas ni manchas. La barba, igual al pelo de la cabeza en color, está crespa y sin ser larga, se divide en el medio. La mirada seria posee la virtud de un rayo solar. Nadie le puede mirar fijo en los ojos.
>
> Cuando habla amonestando, inspira temor, pero apenas acaba de reprender está como llorando. A pesar de ser severo, es muy afable y amable. Se dice que nadie le ha visto reír, pero sí llorar. Todos encuentran su conversación afable y agradable. Pocas veces aparece en público, y cuando aparece se le ve siempre muy modesto. Él tiene una presentación muy noble. Él es hermoso. Por lo demás, su madre es la mujer más hermosa que jamás se haya visto en estas regiones.
>
> ¡Oh, César!, si tú deseas verlo como me has escrito una vez, hazme saberlo y te lo enviaré enseguida. Él no hizo nunca

estudios; no obstante, él sabe todas las ciencias. Él anda descalzo y con la cabeza descubierta. Muchos, al verlo de lejos, se ríen; pero apenas se acercan, tiemblan y lo admiran. Dicen que jamás se ha visto en estas tierras un hombre como él.

Los hebreos aseguran que jamás se ha oído una doctrina como la suya. Muchos dicen que él es Dios; otros, que él es enemigo del César.

Los malos hebreos le molestan mucho. Pero de Jesús se dice que nunca ha dejado descontento a alguno, más bien su intento es dejar contentos a todos.

En todo caso, ¡oh, César!, yo cumpliré cualquier orden que tú me mandes respecto de él.

En Jerusalén, indicto 7 del undécimo mes.

Publius Lentulius
Gobernador de Judea[12]

Jesucristo poseía, pues, una asombrosa personalidad.

Cuando aparecía por sobre las multitudes, su ser reflejaba una nobleza y dignidad natural tal que todos lo admiraban.[13]

Su fuerza psíquica –intrínseca en Él– se tornaba extrínseca en su mirada, que –como un haz de luz reverberante– se hacía irresistible.

Su grandeza espiritual se revelaba no sólo en su personalísimo carisma, sino también en su presencia física.

Su figura esbelta –sobre la cual caían blancas vestiduras– denotaba elegante y natural majestad.

Su rostro era perfecto: "la imagen de Dios."[14]

Lewis Wallace –con la intuición casi ascárica[15] que caracteriza a todo genio literario– lo describe con esta faz: su frente "era ancha y elevada, y bajo las negras cejas bien arqueadas, sus rasgados ojos de un color azul oscuro brillaban suavizados hasta la ternura inefable, velados por largas pestañas, como son frecuentes en los niños, pero raras en los hombres."[16]

Con su fuerza metapsíquica, que mutaba en poder suprapsíquico,[17] sanaba a todos los enfermos, ora tomándoles la mano,[18] ora por imposición de manos,[19] o con su sola palabra[20] –estando presente o ausente el enfermo–.[21]

Y "con el poder del Alto Rey de la Luz",[22] y desencadenando "todo el poder del Verbo",[23] Jesucristo resucitó los muertos.[24]

Paralelamente, realizó inimaginables maravillas: multiplicó, de cinco panes y dos peces, profusa bucólica para cinco mil varones;[25] obró por segunda vez el mismo milagro para aplacar el hambre de cuatro mil personas.[26] Caminó sobre las aguas.[27] Profetizó, por primera vez, en Cesarea de Filipo, su propio devenir: su pasión, muerte y resurrección;[28] por segunda vez, cuando atravesaba Galilea;[29] y por tercera vez, antes de llegar a Jerusalén.[30]

Sin embargo, sucedió lo insólito: su entrada a Jerusalén fue triunfal.

Se le proclamaba Rey por tercera vez.

La muchedumbre exclamaba: "¡Hosanna al Hijo de David! ¡Bendito el que viene en el nombre del Señor! ¡Hosanna en las alturas!"[31]

Pero cuando Jesucristo instó al pueblo a que no imitara a los maestros de la Ley ni a los fariseos –por su hipócrita conducta–, llamándolos "¡serpientes, raza de víboras!" y, finalmente, los fustigó hasta llegar al anatema,[32] entonces, los jefes de los sacerdotes y las autoridades judías –faltando dos días para la celebración de la Pascua– se reunieron en el palacio del Sumo Sacerdote, Caifás, y concertaron su arresto y muerte.[33]

Vaticinando su propio fin,[34] el Redentor esperó hasta el primer día de los ácimos para celebrar la Última Cena[35] con sus apóstoles y, en tanto comían, Jesús tomó el pan en sus venerables y sagradas manos, y elevando los ojos al cielo, a Dios Padre omnipotente, y dándole gracias, lo bendijo, partió y dio a sus discípulos, diciendo:

–*Accipite et manducate ex hoc omnes.*[36] *Hoc est enim Corpus meum.*[37]

De modo parecido, concluida la cena, tomó en sus santas y venerables manos el preclaro Cáliz: igualmente, dándole gracias, lo bendijo y lo dio a sus discípulos, diciendo:

—Accipite, et bibite ex eo omnes.[38] *Hic est enim Calix Sanguinis mei novi et aeterni testamenti: mysterium fidei: qui pro vobis et pro multis effundetur in remissionem peccatorum.*[39] *Haec quotiescumque feceritis, in mei memoriam facietis.*[40]

Luego, Jesucristo salió del cenáculo con Pedro, Santiago y Juan, y se fue con ellos a orar al monte de los Olivos;[41] mas cuando terminó sus plegarias,[42] llegó Judas Iscariote con los ministros de los pontífices y fariseos; empero, el Señor se adelantó y preguntó:

—¿A quién buscáis?[43]

Le respondieron:

—A Jesús de Nazaret.

Él les dijo:

—Yo soy.[44]

Ante las palabras de Jesús, retrocedieron y cayeron en tierra.

El Santo reiteró:

—¿A quién buscáis?[45]

Ellos dijeron:

—A Jesús de Nazaret.

Él respondió:

—Os he dicho que Yo soy.[46]

Entonces, prendieron a Jesús y lo llevaron donde Anás; éste lo envió a Caifás, y Caifás, por segunda vez, le preguntó:

—¿Eres tú el Cristo, el Hijo del Bendito?

Y Jesús le dijo:

—Yo soy.[47, 48]

Ante tal contestación, al amanecer, llevaron a Jesús a presencia de Pilatos.

Notas del capítulo VIII

1. La Biblia Latinoamericana, op. cit., San Mateo, 4:12-13.
2. Ibíd., San Mateo, 4:5-6; y Efesios, 2:15.
3. Ibíd., San Mateo, 4:23.
4. Ibíd.
5. Ibíd., 4:24.
6. Ibíd., 4:24-25.
7. Edesa: antigua ciudad de Mesopotamia; actualmente Orfa –o Urfa–, ciudad de Turquía situada en la alta Mesopotamia. La nota es nuestra.
8. Eusebio de Cesarea: Historia eclesiástica. Tomo I. Editorial CLIE.
9. Ibíd.
10. Ibíd.
11. Hay testimonio escrito disponible en la documentación oficial de los Archivos de Edesa.
12. Antonio Guevara Espinoza, op. cit., pp. 241 y 242.
13. El profeta Isaías auguró que lo llamarían, entre otros nombres, el Admirable. Isaías, 9:6.
14. San Pablo, "Carta a los Colosenses", 1:15.
15. El registro ascárico es un fenómeno de manifestación energética que queda invisiblemente vibrando, como efecto de un acontecimiento humano y que ya en la actualidad, con el desarrollo tecnotrónico, está a punto de alcanzarse. Tenemos un avance de esta suprarealidad en la impronta del verdadero rostro de Jesús, reproducido del Santo Sudario por los científicos de la NASA. Lobsang Rampa sostiene que el "registro ascárico representa las indestructibles vibraciones, consistentes en la suma total del conocimiento emanado del mundo [tal que] si en la Tierra pudiésemos retardar las ondas del registro ascárico, indudablemente, podríamos llevar a la pantalla de televisión escenas históricas auténticas". Lobsang Rampa: Usted y la eternidad. 2º edición. Traducción de Josefina Martínez Alinari. Ediciones Troquel. Buenos Aires, Argentina. 1973. p. 165.
16. Lewis Wallace, op. cit., p. 478.
17. Tómese el término suprasíquico en sentido supranormal. El sacerdote jesuita Oscar Gonzales Quevedo sostiene que "supranormal, en efecto, sugiere más o menos, refleja o inconscientemente, una relación con lo sobrenatural que escapa del plano en que directamente se mueve la parapsicología". Oscar G. Quevedo, S. J.: El rostro oculto de la mente. 7º edición española. Traducción de Antonio M. Sánchez, S. J. Editorial Sal Terrae. Santander, España. 1971. p. 31. (Publicación con autorización eclesial).

18. La Santa Biblia, op. cit., San Mateo, 8:15; y San Juan, 14:4.
19. Ibíd., San Marcos, 7:32.
20. Ibíd., San Mateo, 8:16, 32; y 9:33. Además, San Marcos, 10:52; y 5:34; y San Juan, 5:8-9; y 4:50.
21. Lo increíble es que Nuestro Señor Jesucristo, después de dos mil años, sigue sanando física, psicológica y espiritualmente. Los testimonios dejados por escrito por Emiliano Tardif y José H. Prado Flores son impactantes. En su obra Jesús está vivo, dice: "Este no es un libro técnico para aprender a orar por los enfermos, sino el testimonio de que nuestro Dios sana hoy a sus hijos enfermos". Colección Iglesia Nº 26. Corporación Centro Carismático Minuto de Dios. Bogotá, Colombia. p. 10.
22. Dr. Serge Raynaud de la Ferriere: Propósitos psicológicos. Volumen II. op. cit., p. 293.
23. Ibíd., p. 279
24. La Santa Biblia, op. cit., San Juan, 11:41-44; San Marcos, 5:22, 23, 35-42; y San Lucas, 7:11-15.
25. Ibíd., San Marcos, 6:35-44.
26. Ibíd., 8:1-9.
27. Ibíd., 6:48-51.
28. Ibíd., San Mateo, 16:21.
29. Ibíd., San Marcos, 9:30-31.
30. Ibíd., San Marcos, 10:33-34.
31. Ibíd., San Mateo, 21:9.
32. La Biblia Latinoamericana, op. cit., San Mateo, 23:3, 13-36.
33. Ibíd., San Mateo, 26:2-4.
34. Ibíd., San Mateo, 26:2.
35. En casa del que después sería el célebre evangelista Marcos. La Biblia. Ed. Codex, S.A., op. cit., Nuevo Testamento, p. 22.
36. "Tomad y comed todos de él". Traducido del latín al español.
37. "Porque este es mi cuerpo". Traducido del latín al español.
38. "Tomad y bebed todos de él". Traducido del latín al español.
39. "Porque este es el Cáliz de mi Sangre, del nuevo y eterno testamento: misterio de fe: que será derramada por vosotros y por muchos para el perdón de los pecados". Traducido del latín al español.
40. "Todas las veces que hiciereis esto, lo haréis en memoria mía". Traducido del latín al español.
41. La Santa Biblia, op. cit., San Marcos, 14:26, 32-33.
42. Ibíd., 14:42.
43. Ibíd., San Juan, 18:4.
44. Ibíd., 18:5.

45. Ibíd., 18:7.
46. Ibíd., 18:8.
47. Ibíd., San Marcos, 14:61-62.
48. Cuando el Mesías permaneció en la India, dio una respuesta similar al rey Shalewahin.
A continuación la versión traducida del sánscrito:
Cierto día, Shalewahin salió hacia los montes del Himalaya, y allí, en medio del país de los hun, el poderoso rey vio a un personaje distinguido sentado cerca de una montaña. El Santo era de complexión clara y llevaba vestidos blancos. El rey Shalewahin le preguntó quien era. Él replicó gustosamente:
—Soy conocido como el Hijo de Dios y nacido de una virgen.
Como el rey se asombrara de esta respuesta, el Santo le dijo:
—Soy el predicador de la religión de los meleacas y seguidor de principios verdaderos.
El rey le preguntó acerca de su religión y él le contestó:
—¡Oh, rey!, vengo de un país lejano, en el que ya no existe la verdad y en el que el mal no conoce límites. Aparecí allí en el país de los meleacas como Mesías. Por mí tuvieron que padecer los pecadores y los delincuentes, y yo también sufrí a manos de ellos.
El rey le rogó que le explicara mejor las enseñanzas de su religión, y el Santo le dijo:
—Enseña el amor, la verdad y la pureza de corazón. Enseña a los hombres a servir a Dios, que está en el centro del sol y de los elementos. Y Dios y los elementos existirán siempre.
El rey regresó después de haber dado su obediencia al Santo.
Viyas: *Bhavishya Mahapurana*. Citado por Andreas Faber-Kaiser: *Jesús vivió y murió en Cachemira*. 1976.

Capítulo IX

Juzgamiento, tormento, muerte y resurrección de Cristo

Revelamos el verdadero proceso de Jesús de Nazaret, su tormento y muerte —la resurrección de los muertos—, su descenso a los Infiernos y su ascensión a los Cielos, según el Evangelio de Nicodemo.[1]

Título

El libro sagrado del gran Espíritu Invisible. Amén

El Evangelio de Nicodemo

Hechos de Pilatos *(Acta Pilati)*

Acusado por los príncipes de los judíos, Jesús comparece ante Pilatos, realizado a su entrada en el pretorio

I *1.* Yo, Emeo, israelita de nación, doctor de la ley en Palestina, intérprete de las Divinas Escrituras, lleno de fe en la grandeza de Nuestro Señor Jesucristo, revestido del carácter sagrado del santo bautismo e investigador de las cosas que acaecieron, y que hicieron los judíos bajo la gobernación de Cneo Poncio Pilatos, trayendo a la memoria el relato de esos hechos, escrito por Nicodemo en lengua hebrea, lo traduje en lengua griega para darlo a conocer a todos los que adoran el nombre del Salvador del mundo.
2. Y lo he hecho bajo el imperio de Flavio Teodosio;[2] en el año decimoctavo de su reinado y bajo Valentiniano.[3]
3. Y os suplico a cuantos leáis tales cosas, en libros griegos o latinos, que oréis por mí, pobre pecador, a fin de que Dios me sea favorable y que me perdone todas las culpas que haya cometido. Con lo cual, y deseando paz a los lectores, y salud a los que entiendan, termino mi prefacio.

4. Lo que voy a contar ocurrió en el año decimoctavo del reinado de Tiberio César, emperador de los romanos, y de Herodes, hijo de Herodes, monarca de Galilea, el año decimoctavo de su dominación, el ocho de las calendas de abril, que es el día 25 del mes de marzo, bajo el consulado de Rufino y de Rubelión, el año IV de la olimpíada 202, cuando Josefo y Caifás eran grandes sacerdotes de los judíos. Entonces escribió Nicodemo, en lengua hebrea, todo lo sucedido en la pasión y en la crucifixión de Jesús.
5. Y fue que varios judíos de calidad, Anás, Caifás, Sommas, Dathan, Gamaliel, Judas, Levi, Nephtalim, Alejandro, Siro y otros príncipes visitaron a Pilatos, y acusaron a Jesús de muchas cosas malas, diciendo: "Nosotros lo conocemos por hijo de José, el carpintero, y por nacido de María. Sin embargo, él pretende que es Hijo de Dios y Rey de todos los hombres, y no sólo con palabras, mas con hechos, profana el sábado y viola la ley de nuestros padres".
6. Preguntó Pilatos: "¿Qué es lo que dice, y qué es lo que quiere disolver en vuestro pueblo?".
7. Y los judíos contestaron: "La ley, confirmada por nuestras costumbres, manda santificar el sábado y prohíbe curar en este día. Mas Jesús, en él, cura ciegos, sordos, cojos, paralíticos, leprosos, poseídos, sin ver que ejecuta malas acciones".
8. Pilatos repuso: "¿Cómo pueden ser malas acciones ésas?".
9. Y ellos replicaron: "Mago es, puesto que por Beelzebuh, príncipe de los demonios, expulsa los demonios, y por él también, todas las cosas le están sometidas".
10. Dijo Pilatos: "No es el espíritu inmundo quien puede expulsar los demonios, sino la virtud de Dios".
11. Pero uno de los judíos respondió por todos: "Te rogamos hagas venir a Jesús a tu tribunal, para que lo veas y lo oigas".
12. Y Pilatos llamó a un mensajero y le ordenó: "Trae a Jesús a mi presencia y trátalo con dulzura".
13. Y el mensajero salió, y habiendo visto a Jesús, a quien muy bien conocía, tendió su manto ante Él y se arrojó a sus pies, diciéndole: "Señor, camina sobre este manto de tu siervo, porque el gobernador te llama".

14. Viendo lo cual, los judíos, llenos de enojo, se dirigieron en son de queja a Pilatos, y le dijeron: "Debieras haberlo mandado traer a tu presencia no por un mensajero, sino por la voz de tu heraldo. Porque el mensajero, al verlo, lo adoró, y extendió ante Jesús su manto, rogándole que caminase sobre él".

15. Y Pilatos llamó al mensajero y le preguntó: "¿Por qué obraste así?".

16. El mensajero, respondiendo, dijo: "Cuando me enviaste a Jerusalén cerca de Alejandro, vi a Jesús caballero sobre un asno y a los niños de los hebreos que, con ramas de árbol en sus manos, gritaban: 'Salve, hijo de David'. Y otros, extendiendo sus vestidos por el camino, decían: 'Salud al que está en los Cielos. Bendito el que viene en nombre del Señor'".[4]

17. Mas los judíos respondieron al mensajero, exclamando: "Aquellos niños de los hebreos se expresaban en hebreo. ¿Cómo tú, que eres griego, comprendiste palabras pronunciadas en una lengua que no es la tuya?".

18. Y el mensajero contestó: "Interrogué a uno de los judíos sobre lo que quería decir lo que pronunciaban en hebreo y él me lo explicó".

19. Entonces, Pilatos intervino, preguntando: "¿Cuál era la exclamación que pronunciaban en hebreo?". Y los judíos respondieron: "*Hosanna*". Y Pilatos repuso: "¿Cuál es la significación de ese término?". Y los judíos replicaron: "¡Señor, salud!". Y Pilatos dijo: "Vosotros mismos confirmáis que los niños se expresaban de ese modo. ¿En qué, pues, es culpable el mensajero?".

20. Y los judíos se callaron. Mas el gobernador dijo al mensajero: "Sal, e introdúcelo".

21. Y el mensajero fue hacia Jesús, y le dijo: "Señor, entra, porque el gobernador te llama".

22. Y, al entrar Jesús en el pretorio, las imágenes que los abanderados llevaban por encima de sus estandartes se inclinaron por sí mismas y adoraron a aquél. Y los judíos, viendo que las imágenes se habían inclinado por sí mismas, para adorar a Jesús, elevaron gran clamoreo contra los abanderados.

23. Entonces, Pilatos dijo a los judíos: "Noto que no rendís homenaje a Jesús, a pesar de que ante él se han inclinado las imágenes para saludarlo, y, en cambio, despotricáis contra los abanderados, como si ellos mismos hubiesen inclinado sus pendones y adorado a Jesús". Y los judíos repusieron: "Los hemos visto proceder tal como tú indicas".

24. Y el gobernador hizo que se aproximasen los abanderados y les peguntó por qué habían hecho aquello. Mas los abanderados respondieron a Pilatos: "Somos paganos y esclavos de los templos. ¿Concibes siquiera que hubiéramos podido adorar a ese judío? Las banderas que empuñábamos se han inclinado por sí mismas, para adorarlo".

25. En vista de esta contestación, Pilatos dijo a los jefes de la sinagoga y a los ancianos del pueblo: "Elegid por vuestra cuenta hombres fuertes y robustos que empuñen las banderas, y veremos si ellas se inclinan por sí mismas".

26. Y los ancianos de los judíos escogieron doce varones muy fornidos de su raza, en cuyas manos pusieron las banderas, y los formaron en presencia del gobernador. Y Pilatos dijo al mensajero: "Conduce a Jesús fuera del pretorio, e introdúcelo enseguida". Y Jesús salió del pretorio con el mensajero.

27. Y Pilatos, dirigiéndose a los que empuñaban las banderas, los conminó, haciendo juramento por la salud del César: "Si las banderas se inclinan cuando él entre, os haré cortar la cabeza".

28. Y el gobernador ordenó que entrase Jesús por segunda vez. Y el mensajero rogó de nuevo a Jesús que entrase, pasando sobre el manto que había extendido en tierra. Y Jesús lo hizo y, cuando entró, las banderas se inclinaron y lo adoraron.

Testimonios adversos y favorables a Jesús

II *1* Viendo esto, Pilatos quedó sobrecogido de espanto y comenzó a agitarse en su asiento. Y, cuando pensaba en levantarse, su mujer, llamada Claudia Prócula, le envió un propio para decirle: "No hagas nada contra ese justo, porque he sufrido mucho en sueños esta noche a causa de él".⁵

2. Pilatos, que tal oyó, dijo a todos los judíos: "Bien sabéis que mi esposa es pagana y que, sin embargo, ha hecho construir para vosotros numerosas sinagogas. Pues bien: acaba de mandarme a decir que Jesús es un hombre justo y que ha sufrido mucho en sueños esta noche a causa de él".

3. Mas los judíos respondieron a Pilatos: "¿No te habíamos dicho que era un encantador? He aquí que ha enviado a tu esposa un sueño".

4. Y Pilatos, llamando a Jesús, le preguntó: "¿No oyes lo que estos dicen contra ti? ¿Nada contestas?".

5. Jesús repuso: "Si no tuviesen la facultad de hablar, no hablarían. Empero, cada uno puede a su grado abrir la boca y decir cosas buenas o malas".

6. Los ancianos de los judíos replicaron a Jesús: "¿Qué es lo que decimos? Primero, que has nacido de la fornicación; segundo, que el lugar de tu nacimiento fue Bethlehem y que, por causa tuya, fueron degollados todos los niños de tu edad; y tercero, que tu padre y tu madre huyeron contigo a Egipto, porque no tenían confianza en el pueblo".

7. Pero algunos judíos que allí se encontraban, y que eran menos perversos que los otros, decían: "No afirmaremos que procede de la fornicación, porque sabemos que María se casó con José, por ende, Jesús no es hijo ilegítimo".

8. Y Pilatos dijo a los judíos que mantenían ser Jesús producto de fornicación: "Vuestro discurso es mentiroso, puesto que hubo casamiento, según lo atestiguan personas de vuestra clase".

9. Empero, Anás y Caifás insistieron ante Pilatos, diciendo: "Toda la multitud grita que ha nacido de la fornicación y que es un hechicero. Y esos que deponen en contra son sus prosélitos y sus discípulos".

10. Preguntó Pilatos: "¿Qué es eso de prosélitos?". Y ellos respondieron: "Son hijos de paganos que ahora se han hecho judíos".

11. Mas Lázaro, Asterio, Antonio, Jacobo, Zaro, Samuel, Isaac, Fineo, Crispo, Agripa, Amenio y Judas dijeron entonces: "No somos prosélitos, sino hijos de judíos, y decimos la verdad, porque hemos asistido a las bodas de María".
12. Y Pilatos, dirigiéndose a los doce hombres que así habían hablado, les dijo: "Os ordeno, por la salud del César, que declaréis si decís la verdad y si Jesús no ha nacido de la fornicación".
13. Y ellos contestaron a Pilatos: "Nuestra ley nos prohíbe jurar, porque es un pecado. Ordena a esos que juren, por la salud del César, ser falso lo que nosotros decimos y habremos merecido la muerte".
14. Anás y Caifás dijeron a Pilatos: "¿Creerás a estos doce hombres, que pretenden que no ha nacido de la fornicación y no nos creerás a nosotros, que aseguramos que es un mago, y que se llama a sí mismo Hijo de Dios y Rey de los hombres?".
15. Entonces, Pilatos ordenó que saliese todo el pueblo, y que se pusiese aparte a Jesús y, dirigiéndose a los que habían aseverado que éste no era hijo de la fornicación, les preguntó: "¿Por qué los judíos quieren hacer perecer a Jesús?". Y ellos le respondieron: "Están irritados contra Él porque opera curaciones en día sábado". Pilatos exclamó: "¿Quieren, pues, hacerlo perecer por ejecutar una buena obra?". Y ellos confirmaron: "Así es, en efecto".

Diálogo entre Jesús y Pilatos

III *1.* Lleno de cólera, Pilatos salió del pretorio, y dijo a los judíos: "Pongo al sol por testigo de que nada he encontrado de reprensible en ese hombre".
2. Mas los judíos respondieron al gobernador: "Si no fuese un brujo, no te lo hubiéramos entregado". Pilatos dijo: "Tomadlo y juzgadlo según vuestra ley". Mas los judíos repusieron: "No nos está permitido matar a nadie". Y Pilatos redarguyó: "Es a vosotros, y no a mí, a quien Dios preceptuó 'No matarás'".

3. Y vuelto al pretorio, Pilatos llamó a Jesús a solas, y lo interrogó: "¿Eres tú el Rey de los judíos?".[6] Y Jesús respondió: "¿Dices esto de ti mismo, o te lo han dicho otros de Mí?".
4. Pilatos repuso: "¿Por ventura soy judío yo? Tu nación y los príncipes de los sacerdotes te han entregado a mí. ¿Qué has hecho?".
5. Contestó Jesús: "Mi reino no es de este mundo. Si mi reino fuese de este mundo, mis servidores habrían peleado para que Yo no fuera entregado a los judíos. Pero mi reino no es de aquí".
6. Pilatos exclamó: "¿Luego, rey eres tú?". Replicó Jesús: "Tú dices que Yo soy rey. Yo para esto he nacido y para esto he venido al mundo: para dar testimonio de la verdad. El que oye mi palabra, la verdad escucha".
7. Dijo Pilatos: "¿Qué es la verdad?". Y Jesús respondió: "La verdad viene del Cielo". Pilatos preguntó: "¿No hay, pues, verdad sobre esta Tierra? Y Jesús dijo: "Mira cómo los que manifiestan la verdad sobre la Tierra son juzgados por los que tienen poder sobre la Tierra".

Nuevos cargos de los judíos contra Jesús

IV *1.* Dejando a Jesús en el interior del pretorio, Pilatos salió, y se fue hacia los judíos, a quienes dijo: "No encuentro en él falta alguna".[7]
2. Mas los judíos repusieron: "Él ha dicho que podía destruir el templo y reedificarlo en tres días".
3. Pilatos les preguntó: "¿Qué es el templo?". Y los judíos contestaron: "El que Salomón tardó cuarenta y seis años en construir, y él asegura que, en sólo tres días, puede aniquilarlo y volver a levantarlo otra vez".
4. Y Pilatos afirmó de nuevo: "Inocente soy de la sangre de este hombre.[8] Ved lo que os toca hacer con él".
5. Y los judíos gritaron: ¡"Caiga su sangre sobre nosotros y sobre nuestros hijos!".[9]

6. Entonces, Pilatos, llamando a los ancianos, a los sacerdotes y a los levitas, les comunicó en secreto: "No obréis así, porque nada hallo digno de muerte en lo que le reprocháis de haber violado el sábado". Mas ellos opusieron: "El que ha blasfemado contra el César es digno de muerte. Y él ha hecho más, pues ha blasfemado contra Dios".

7. Ante esa pertinacia en la acusación, Pilatos mandó a los judíos que saliesen del pretorio y, llamando a Jesús, le dijo: "¿Qué haré a tu respecto?". Jesús dijo: "Haz lo que debes". Y Pilatos preguntó a los judíos: "¿Cómo debo obrar?". Jesús respondió: "Moisés y los profetas han predicho esta pasión y mi resurrección".

8. Al oír esto, los judíos dijeron a Pilatos: "¿Quieres escuchar más tiempo sus blasfemias? Nuestra ley estatuye que, si un hombre peca con su prójimo, recibirá cuarenta azotes menos uno, y que el blasfemo será castigado con la muerte".

9. Y Pilatos expuso: "Si su discurso es blasfematorio, tomadlo, conducidlo a vuestra sinagoga, y juzgadlo según vuestra ley". Mas los judíos dijeron: "Queremos que sea crucificado". Pilatos les dijo: "Eso no es justo". Y mirando a la asamblea, vio a varios judíos que lloraban, y exclamó: "No es voluntad de toda la multitud que muera".

10. Empero, los ancianos dijeron a Pilatos: "Para que muera hemos venido aquí todos". Y Pilatos preguntó a los judíos: "¿Qué ha hecho para merecer la muerte?". Y ellos respondieron: "Ha dicho que era Rey e Hijo de Dios".

Defensa de Jesús por Nicodemo

V 1. Entonces, un judío llamado Nicodemo se acercó al gobernador y le dijo: "Te ruego me permitas, en tu misericordia, decir algunas palabras". Y Pilatos le dijo: "Habla".

2. Y Nicodemo dijo: "Yo he preguntado a los ancianos, a los sacerdotes, a los levitas, a los escribas, a toda la multitud de los

judíos, en la sinagoga: '¿Qué queja o agravio tenéis contra este hombre? Él hace numerosos y extraordinarios milagros, tales como nadie los ha hecho, ni se harán jamás. Dejadlo, y no le acuséis mal alguno, porque si esos milagros vienen de Dios, serán estables y, si vienen de los hombres, perecerán. Moisés, a quien Dios envió a Egipto, realizó los milagros que el Señor le había ordenado hacer, en presencia del Faraón. Y había allí magos, Jamnés, y Mambrés, a quienes los egipcios miraban como dioses, y que quisieron hacer los mismos milagros que Moisés, mas no pudieron imitarlos todos. Y, como los milagros que operaron no provenían de Dios, perecieron, como perecieron también los que en ellos habían creído'. Ahora, pues, dejad, repito, a este hombre, porque no merece la muerte".
3. Mas los judíos dijeron a Nicodemo: "Te has hecho discípulo suyo y por ello levantas tu voz en su favor".
4. Nicodemo replicó: "¿Es que el gobernador, que habla también en su favor, es discípulo suyo? ¿Es que el César no le ha conferido la misión de ser su ejecutor de la justicia?".
5. Mas los judíos, estremecidos de cólera, tremaron los dientes contra Nicodemo, a quien dijeron: "Crees en él, y compartirás la misma suerte que él".
6. Y Nicodemo repuso: "Así sea. Comparta yo la misma suerte que Él, según vosotros lo decís".

Nuevos testimonios favorables a Jesús

VI *1.* Y otro de los judíos avanzó, pidiendo al gobernador permiso para hablar. Y Pilatos repuso: "Lo que quieras decir, dilo".
2. Y el judío habló así: "Hacía treinta años que yacía en mi lecho, y era constantemente presa de grandes sufrimientos, y me hallaba en peligro de perder la vida. Jesús vino, y muchos demoníacos y gentes afligidas de diversas enfermedades fueron curados por Él. Y unos jóvenes piadosos me llevaron a presencia suya en mi lecho. Y Jesús, al verme, se compadeció de mí

y me dijo: 'Levántate, toma tu lecho y marcha'.[10] Y, en el acto, quedé completamente curado, tomé mi lecho y marché".[11]

3. Mas los judíos dijeron a Pilatos: "Pregúntale en qué día fue curado". Y él respondió: "En día de sábado". Y los judíos exclamaron: "¿No decíamos que en día sábado curaba las enfermedades y expulsaba los demonios?".

4. Y otro judío avanzó y dijo: "Yo era un ciego de nacimiento, que oía hablar, pero que a nadie veía. Y Jesús pasó, y yo me dirigí a Él, gritando en alta voz: '¡Jesús, hijo de David, ten piedad de mí!'. Y Él tuvo piedad de mí, y puso su mano sobre mis ojos, e inmediatamente recobré la vista".[12]

5. Y otro avanzó y dijo: "Yo era leproso, y Él me curó con una sola palabra".[13]

Testimonio de la Verónica

VII 1. Y una mujer, llamada Verónica, dijo: "Doce años venía afligiéndome un flujo de sangre y, con sólo tocar el borde de su vestido, el flujo se detuvo en el mismo momento".14

2. Y los judíos exclamaron: "Según nuestra ley, una mujer no puede venir a deponer como testigo".

Testimonio colectivo de la multitud

VIII *1*. Y algunos otros de la multitud de los judíos, varones y hembras, se pusieron a gritar: "¡Ese hombre es un profeta, y los demonios le están sometidos!". Entonces, Pilatos preguntó a los acusadores de Jesús: "¿Por qué los demonios no están sometidos a vuestros doctores?". Y ellos contestaron: "No lo sabemos".

2. Y otros dijeron a Pilatos: "Ha resucitado a Lázaro, que llevaba cuatro días de muerto, y lo ha sacado del sepulcro".[15]

3. Al oír esto, el gobernador quedó aterrado, y dijo a los judíos: "¿De qué nos servirá verter sangre inocente?".

Las turbas prefieren la libertad de Barrabás a la de Jesús. Pilatos se lava las manos

IX *1*. Y Pilatos, llamando a Nicodemo y a los doce hombres que decían que Jesús no había nacido de la fornicación, les habló así: "¿Qué debo hacer ante la sedición que ha estallado en el pueblo?". Respondieron: "Lo ignoramos".

2. Y Pilatos, convocando de nuevo a la muchedumbre, dijo a los judíos: "Sabéis que, según la costumbre, el día de los ázimos, os concedo la gracia de soltar a un preso. Encarcelado tengo a un famoso asesino que se llama Barrabás, y no encuentro en Jesús nada que merezca la muerte. ¿A cuál de los dos queréis que os suelte?". Y todos respondieron a voz en grito: "¡Suéltanos a Barrabás!".[16]

3. Pilatos repuso: "¿Qué haré, pues, de Jesús, llamado el Cristo?". Y exclamaron todos: "¡Sea crucificado!".[17]

4. Y los judíos dijeron también: "Demostrarás no ser amigo del César si pones en libertad al que se llama a sí mismo Rey[18] e Hijo de Dios. Y aun quizá deseas que él sea rey en lugar del César".

5. Entonces, Pilatos montó en cólera y les dijo: "Siempre habéis sido una raza sediciosa y os habéis opuesto a los que estaban por vosotros".

6. Y los judíos preguntaron: "¿Quiénes son los que estaban por nosotros?".

7. Y Pilatos respondió: "Vuestro Dios, que os libró de la dura servidumbre de los egipcios y que os condujo a pie por la mar seca, y que os dio, en el desierto, el maná y la carne de las codornices para vuestra alimentación, y que hizo salir de una roca agua para saciar vuestra sed, y contra el cual, a pesar de tantos favores, no habéis cesado de rebelaros, hasta el punto de que Él quiso haceros perecer. Y Moisés rogó por vosotros, a fin de que no perecieseis. Y ahora decís que yo odio al rey".

8. Mas los judíos gritaron: "Nosotros sabemos que nuestro rey es el César, y no Jesús. Porque los magos le ofrecieron presentes como a un rey. Y Herodes, sabedor por los magos de que un rey había nacido, procuró matarlo. Enterado de ello, José, su padre, lo tomó junto con su madre, y huyeron los tres a Egipto. Y Herodes mandó dar muerte a los hijos de los judíos, que por aquel entonces habían nacido en Bethlehem".

9. Al oír estas palabras, Pilatos se aterrorizó y, cuando se restableció la calma entre el pueblo que gritaba, dijo: "El que buscaba Herodes, ¿es el que está aquí presente?". Y le respondieron: "El mismo es".

10. Y Pilatos tomó agua y se lavó las manos ante el pueblo, diciendo: "Inocente soy de la sangre de este justo.[19] Pensad bien lo que vais a hacer". Y los judíos repitieron: "¡Caiga su sangre sobre nosotros y sobre nuestros hijos!".[20]

11. Entonces, Pilatos ordenó que se trajese a Jesús al tribunal en que estaba sentado, y prosiguió en estos términos, al dictar sentencia contra Él: "Tu raza no te quiere por rey. Ordeno, pues, que seas azotado,[21] conforme a los estatutos de los antiguos príncipes".

12. Y mandó enseguida que se lo crucificase[22] en el lugar en que había sido detenido, con dos malhechores, cuyos nombres eran Dimas y Gestas.

Jesús en el Gólgota

X *1.* Jesús salió del pretorio y los dos ladrones con Él. Y cuando llegó al lugar que se llama Gólgota, los soldados lo desnudaron de sus vestiduras y le ciñeron un lienzo, y pusieron sobre su cabeza una corona de espinas y colocaron una caña en sus manos. Y crucificaron igualmente a los dos ladrones a sus lados,[23] Dimas a su derecha y Gestas a su izquierda.

2. Y Jesús dijo: "Padre, perdónalos, y déjalos libres de castigo, porque no saben lo que hacen". Y ellos repartieron entre sí sus vestiduras.[24]

3. Y el pueblo estaba presente, y los príncipes, los ancianos y los jueces se burlaban de Jesús, diciendo: "Puesto que a otros salvó, que se salve a sí mismo. Y si es hijo de Dios, que descienda de la cruz".[25]

4. Y los soldados se mofaban de Él, y le ofrecían vinagre mezclado con hiel, exclamando: "Si eres el Rey de los judíos, sálvate a ti mismo".[26]

5. Y un soldado, llamado Longinos, tomando una lanza, le perforó el costado, del cual salió sangre y agua.[27]

6. Y el gobernador ordenó que, conforme a la acusación de los judíos, se inscribiese sobre un rótulo, en letras hebraicas, griegas y latinas: "Este es el Rey de los judíos".[28]

7. Y uno de los ladrones que estaba crucificado, Gestas, dijo a Jesús: "Si eres el Cristo, líbrate y libértanos a nosotros". Mas Dimas lo reprendió, diciéndole: "¿No temes a Dios tú, que eres de aquellos sobre los cuales ha recaído condena? Nosotros recibimos el castigo justo de lo que hemos cometido, pero Él no ha hecho ningún mal". Y, una vez hubo censurado a su compañero, exclamó, dirigiéndose a Jesús: "Acuérdate de mí, Señor, en tu Reino. Y Jesús le respondió: "En verdad te digo que hoy serás conmigo en el Paraíso".[29]

Muerte de Jesús

XI 1. Era entonces como la hora sexta del día y grandes tinieblas aparecieron por toda la Tierra hasta la hora nona. El sol se oscureció, y he aquí que el velo del templo se rasgó en dos partes de alto abajo.[30]

2. Y hacia la hora nona, Jesús clamó a gran voz: *"Hely, Hely lama zabathani"*, lo que significa: "Dios mío, Dios mío, ¿por qué me has abandonado?".[31]

3. Y enseguida murmuró: "Padre mío, encomiendo mi espíritu entre tus manos". Y dicho esto, entregó el espíritu.[32]

4. Y el centurión, al ver lo que había pasado, glorificó a Dios, diciendo: "Este hombre era justo". Y todos los espectadores, turbados por lo que habían visto, volvieron a sus casas, golpeando sus pechos.[33]

5. Y el centurión refirió lo que había ocurrido al gobernador, el cual se llenó de aflicción extrema y ni el uno, ni el otro comieron, ni bebieron aquel día.
6. Y Pilatos, convocando a los judíos, les preguntó: "¿Habéis sido testigos de lo que ha sucedido?". Y ellos respondieron al gobernador: "El sol se ha eclipsado[34] de manera habitual".
7. Y todos los que amaban a Jesús se mantenían a lo lejos, así como las mujeres que lo habían seguido desde Galilea.[35]
8. Y he aquí que un hombre llamado José, varón bueno y justo, que no había tomado parte en las acusaciones y en las maldades de los judíos, que era de Arimatea, ciudad de Judea, y que esperaba el Reino de Dios, pidió a Pilatos el cuerpo de Jesús.[36]
9. Y, bajándolo de la cruz, lo envolvió en un lienzo muy blanco, y lo depositó en una tumba completamente nueva,[37] que había hecho construir para sí mismo, y en la cual ninguna persona había sido sepultada.

Los judíos amenazan a Nicodemo y encierran en un calabozo a José de Arimatea

XII *1*. Sabedores los judíos de que José había pedido el cuerpo de Jesús, lo buscaron, como también a los doce hombres que habían declarado que Jesús no nació de la fornicación, y a Nicodemo, y a los demás que habían comparecido ante Pilatos y dado testimonio de las buenas obras del Salvador.
2. Todos se ocultaban y únicamente Nicodemo, por ser príncipe de los judíos, se mostró a ellos, y les preguntó: "¿Cómo habéis entrado en la sinagoga?".
3. Y ellos respondieron: "Y tú, ¿cómo has entrado en la sinagoga, cuando eras adepto del Cristo? Ojalá tengas tu parte con él en los siglos futuros". Y Nicodemo contestó: "Así sea".
4. Y José se presentó igualmente a ellos y les dijo: "¿Por qué estáis irritados contra mí, a causa de haber yo pedido a Pilatos

el cuerpo de Jesús? He aquí que yo lo he depositado en mi propia tumba, y lo he envuelto en un lienzo muy blanco, y he colocado una gran piedra al lado de la gruta. Habéis obrado mal contra el justo, y lo habéis crucificado, y lo habéis atravesado a lanzadas".

5. Al oír esto, los judíos se apoderaron de José y lo encerraron hasta que pasase el día del sábado. Y le dijeron: "En este momento, por ser tal día, nada podemos hacer contra ti. Pero sabemos que no eres digno de sepultura y abandonaremos tu carne a las aves del cielo y a las bestias de la tierra".

6. Y José respondió: "Esas vuestras palabras son semejantes a las de Goliat el soberbio, que se levantó contra el Dios vivo, y a quien hirió David. Dios ha dicho por la voz del profeta: 'Me reservaré la venganza'. Y Pilatos, con el corazón endurecido, lavó sus manos en pleno sol, exclamando: 'Inocente soy de la sangre de ese justo'. Y vosotros habéis contestado: '¡Caiga su sangre sobre todos nosotros y sobre nuestros hijos!'. Y mucho me temo que la cólera de Dios caiga sobre vosotros y sobre vuestros hijos, como habéis proclamado".

7. Al oír a José expresarse de este modo, los judíos se llenaron de ira, y, apoderándose de él, lo encerraron en un calabozo sin reja que dejara penetrar el menor rayo de luz. Y Anás y Caifás colocaron guardias a la puerta y pusieron su sello sobre la llave.

8. Y tuvieron consejo con los sacerdotes y con los levitas, para que se reuniesen todos después del día sábado, y deliberasen sobre qué género de muerte infligirían a José.

9. Y cuando estuvieron reunidos, Anás y Caifás ordenaron que se les trajese a José. Y, quitando el sello, abrieron la puerta y no encontraron a José en el calabozo en que lo habían encerrado. Y toda la asamblea quedó sumida en el mayor estupor, porque habían encontrado sellada la puerta. Y Anás y Caifás se retiraron.

Los soldados atestiguan la resurrección de Jesús. Temor de los judíos al saberlo

XIII *1.* Y mientras ellos no salían de su asombro, uno de los soldados a quienes habían encomendado la guarda del sepulcro entró en la sinagoga y dijo: "Cuando vigilábamos la tumba de Jesús, la tierra tembló y hemos visto a un ángel de Dios, que quitó la piedra del sepulcro y se sentó sobre ella. Y su semblante brillaba como el relámpago y sus vestidos eran blancos como la nieve. Y nosotros quedamos como muertos de espanto. Y oímos al ángel que decía a las mujeres que habían ido al sepulcro de Jesús: 'No temáis. Sé que buscáis a Jesús, el crucificado, el cual resucitó, como lo había predicho. Venid, y ved el lugar en que había sido colocado, y apresuraos a avisar a sus discípulos que ha resurgido de entre los muertos, y que va delante de vosotros a Galilea, donde lo veréis'".[38]

2. Y los judíos, convocando a todos los soldados que habían puesto para guardar a Jesús, les preguntaron: "¿Qué mujeres fueron aquellas a quienes el ángel habló? ¿Por qué no os habéis apoderado de ellas?".

3. Replicaron los soldados: "No sabemos qué mujeres eran, y quedamos como difuntos por el mucho temor que nos inspiró el ángel. ¿Cómo, en estas condiciones, habríamos podido apoderarnos de dichas mujeres?".

4. Los judíos exclamaron: "¡Por la vida del Señor que no os creemos!". Y los soldados respondieron a los judíos: "Habéis visto a Jesús hacer milagros y no habéis creído en él. ¿Cómo creeríais en nuestras palabras? Con razón juráis por la vida del Señor, pues vive el Señor a quien encerrasteis en el sepulcro. Hemos sabido que habéis encarcelado en un calabozo, cuya puerta habéis sellado, a ese José que embalsamó el cuerpo de Jesús, y que, cuando fuisteis a buscarlo, no lo encontrasteis. Devolvednos a José, a quien aprisionasteis, y os devolveremos a Jesús, cuyo sepulcro hemos guardado".

5. Los judíos dijeron: "Devolvednos a Jesús y os devolveremos a José, porque éste se halla en la ciudad de Arimatea". Mas los soldados contestaron: "Si José está en Arimatea, Jesús está en Galilea, puesto que así lo anunció a las mujeres el ángel".
6. Oído lo cual, los judíos se sintieron poseídos de temor y se dijeron entre sí: "Cuando el pueblo escuche estos discursos, todos en Jesús creerán".
7. Y reunieron una gruesa suma de dinero, que entregaron a los soldados, advirtiéndoles: "Decid que, mientras dormíais, llegaron los discípulos de Jesús al sepulcro y robaron su cuerpo. Y si el gobernador Pilatos se entera de ello, lo apaciguaremos en vuestro favor, y no seréis inquietados".
8. Y los soldados, tomando el dinero, dijeron lo que los judíos les habían recomendado.

Intrigas de los judíos para invalidar la resurrección de Jesús

XIV *1*. Y un sacerdote, llamado Fineo, y el maestro de escuela Addas, y el levita Ageo llegaron los tres de Galilea a Jerusalén, y dijeron a todos los que estaban en la sinagoga: "A Jesús, por vosotros crucificado, lo hemos visto en el monte de los Olivos, sentado entre sus discípulos, hablando con ellos y diciéndoles: 'Id por el mundo, predicad a todas las naciones y bautizad a los gentiles en el nombre del Padre, del Hijo y del Espíritu Santo. Y el que crea y sea bautizado, será salvo'. Y no bien hubo dicho estas cosas a sus discípulos, lo vimos subir al cielo".
2. Al oír esto, los príncipes de los sacerdotes, los ancianos del pueblo y los levitas dijeron a aquellos tres hombres: "Glorificad al Dios de Israel y tomadlo por testigo de que lo que habéis visto y oído es verdadero".
3. Y ellos respondieron: "Por la vida del Señor de nuestros padres, Dios de Abraham, de Isaac y de Jacob, declaramos decir la verdad. Hemos oído a Jesús hablar con sus discípulos y lo

hemos visto subir al cielo. Si callásemos ambas cosas, cometeríamos un pecado".
4. Y los príncipes de los sacerdotes, levantándose enseguida, exclamaron: "No repitáis a nadie lo que habéis dicho de Jesús". Y les dieron una fuerte suma de dinero.
5. Y los hicieron acompañar por tres hombres para que se restituyesen a su país y no hiciesen estada alguna en Jerusalén.
6. Y, habiéndose reunido todos los judíos, se entregaron entre sí a grandes meditaciones, y dijeron: "¿Qué es lo que ha sobrevenido en Israel?".
7. Y Anas y Caifás, para consolarlos, replicaron: "¿Es que vamos a creer a los soldados, que guardaban el sepulcro de Jesús, y que aseguraron que un ángel abrió su losa? ¿Por ventura no han sido sus discípulos los que les dieron mucho oro para que hablasen así y los dejasen a ellos robar el cuerpo de Jesús? Sabed que no cabe conceder fe alguna a las palabras de esos extranjeros, porque, habiendo recibido de nosotros una fuerte suma, hayan por doquiera dicho lo que nosotros les encargamos que dijesen. Ellos pueden ser infieles a los discípulos de Jesús lo mismo que a nosotros".

Intervención de Nicodemo en los debates de la sinagoga. Los judíos mandan llamar a José de Arimatea y oyen las noticias que éste les da

XV 1. Y Nicodemo se levantó y dijo: "Rectamente habláis, hijos de Israel. Os habéis enterado de lo que han dicho esos tres hombres, que juraron sobre la ley del Señor haber oído a Jesús hablar con sus discípulos en el monte de los Olivos, y haberlo visto subir al cielo. Y la Escritura nos enseña que el bienaventurado Elías fue trasportado al cielo, y que Eliseo, interrogado por los hijos de los profetas sobre dónde había ido su hermano Elías, respondió que les había sido arrebatado. Y los hijos de los profetas le dijeron: 'Acaso nos lo ha arrebatado el espíritu y lo ha depositado sobre las montañas de Israel. Pero elijamos hombres que vayan con nosotros, y recorramos esas montañas, donde quizá lo encontremos'. Y suplicaron así a Eliseo, que caminó con ellos tres días, y no encontraron a Elías. Y ahora, escuchadme, hijos de Israel. Enviemos hombres a las montañas, porque acaso el espíritu ha arrebatado a Jesús, y quizá lo encontremos, y haremos penitencia".

2. Y el parecer de Nicodemo fue del gusto de todo el pueblo, y enviaron hombres que buscaron a Jesús sin encontrarlo, y que, a su vuelta, dijeron: "No hemos hallado a Jesús en ninguno de los lugares que hemos recorrido, pero hemos hallado a José en la ciudad de Arimatea".

3. Y al oír esto, los príncipes y todo el pueblo se regocijaron, y glorificaron al Dios de Israel de que hubiesen encontrado a José, a quien habían encerrado en un calabozo, y a quien no habían podido encontrar.

4. Y, reuniéndose en una gran asamblea, los príncipes de los sacerdotes se preguntaron entre sí: "¿Cómo podremos traer a José entre nosotros y hacerlo hablar?".

5. Y tomando papel, escribieron a José, en este tenor: "Sea la paz contigo y con todos los que están contigo. Sabemos que hemos pecado contra Dios y contra ti. Dígnate, pues, a venir hacia tus padres y tus hijos, porque tu marcha del calabozo nos ha llenado de sorpresa. Reconocemos que habíamos concebido contra ti un perverso designio, y que el Señor te ha protegido, librándote de nuestras malas intenciones. Sea la paz contigo, José, hombre honorable entre todo el pueblo".

6. Y eligieron siete hombres, amigos de José, y les dijeron: "Cuando lleguéis a casa de José, dadle el saludo de paz y entregadle la carta".

7. Y los hombres llegaron a casa de José y lo saludaron, y le entregaron la carta. Y luego de que José la hubo leído, exclamó: "¡Bendito sea el Señor Dios, que ha preservado a Israel de

la efusión de mi sangre! ¡Bendito seas, Dios mío, que me has protegido con tus alas!".

8. Y José abrazó a los embajadores, y los acogió, y regaló en su domicilio.

9. Y al día siguiente, montando en un asno, se puso en camino con ellos, y llegaron a Jerusalén.

10. Y cuando los judíos se enteraron de su llegada, corrieron todos ante él, gritando y exclamando: "¡Sea la paz a tu llegada, padre José!". Y él repuso: "¡Sea la paz del Señor con todo el pueblo!".

11. Y todos lo abrazaron. Y Nicodemo lo recibió en su casa, acogiéndolo con gran honor y con gran complacencia.

12. Y al siguiente día, que lo era de la fiesta de Preparación, Anás, Caifás y Nicodemo dijeron a José: "Rinde homenaje al Dios de Israel y responde a todo lo que te preguntemos. Irritados estábamos contra ti, porque habías sepultado el cuerpo de Jesús, y te encerramos en un calabozo, donde no te encontramos al buscarte, lo que nos mantuvo en plena sorpresa y en pleno espanto, hasta que hemos vuelto a verte. Cuéntanos, pues, en presencia de Dios, lo que te ha ocurrido".

13. Y José contestó: "Cuando me encerrasteis, el día de Pascua, mientras me hallaba en oración a medianoche, la casa quedó como suspendida en los aires. Y vi a Jesús, brillante como un relámpago, y, acometido de terror, caí por tierra. Y Jesús, tomándome por la mano, me elevó por encima del suelo, y un sudor frío cubría mi frente. Y Él, secando mi rostro, me dijo: 'Nada temas, José. Mírame y reconóceme, porque soy Yo'".

14. "Y lo miré, y exclamé, lleno de asombro: '¡Oh, Señor Elías!'. Y Él me dijo: 'No soy Elías, sino Jesús de Nazareth, cuyo cuerpo has sepultado'".

15. "Y yo le respondí: 'Muéstrame la tumba en que te deposité'. Y Jesús, tomándome por la mano otra vez, me condujo al lugar en que lo había sepultado, y me mostró el sudario y el paño en que había envuelto su cabeza".

16. "Entonces, reconocí que era Jesús, y lo adoré, diciendo: '¡Bendito el que viene en nombre del Señor!'".

17. "Y Jesús, tomándome por la mano de nuevo, me condujo a mi casa de Arimatea, y me dijo: 'Sea la paz contigo, y durante cuarenta días no salgas de tu casa. Yo vuelvo ahora cerca de mis discípulos'".

Estupor de los judíos ante las declaraciones de José de Arimatea

XVI *1.* Cuando los sacerdotes y los levitas oyeron tales cosas, quedaron estupefactos y como muertos. Y, vueltos en sí, exclamaron: "¿Qué maravilla es la que se ha manifestado en Jerusalén? Porque nosotros conocemos al padre y a la madre de Jesús".

2. Y cierto levita explicó: "Sé que su padre y su madre eran personas temerosas del Altísimo, y que estaban siempre en el templo, orando y ofreciendo hostias y holocaustos al Dios de Israel. Y cuando Simeón, el Gran Sacerdote, lo recibió, dijo, tomándolo en sus brazos: 'Ahora, Señor, envía a tu servidor en paz, según tu palabra, porque mis ojos han visto al Salvador que has preparado para todos los pueblos, luz que ha de servir para la gloria de tu raza de Israel'.[39] Y aquel mismo Simeón bendijo también a María, madre de Jesús, y le dijo: 'Te anuncio, respecto de este niño, que ha nacido para la ruina y para la resurrección de muchos, y como signo de contradicción'".[40]

3. Entonces, los judíos propusieron: "Mandemos a buscar a los tres hombres que aseguran haberlo visto con sus discípulos en el monte de los Olivos".

4. Y cuando así se hizo, y aquellos tres hombres llegaron, y fueron interrogados, respondieron con unánime voz: "Por la vida del Señor, Dios de Israel, hemos visto manifiestamente a Jesús con sus discípulos en el monte de los Olivos, y asistido al espectáculo de su subida al cielo".[41]

5. En vista de esta declaración, Anás y Caifás tomaron a cada uno de los testigos aparte, y se informaron de ellos separadamente. Y ellos insistieron sin contradicción en confesar la verdad, y en aseverar que habían visto a Jesús.

6. Y Anás y Caifás pensaron: "Nuestra ley preceptúa que, en la boca de dos o tres testigos, toda palabra es válida. Pero sabemos que el bienaventurado Enoch, grato a Dios, fue transportado al cielo por la palabra de Él, y que la tumba del bienaventurado Moisés no se encontró nunca, y que la muerte del profeta Elías no es conocida. Jesús, por el contrario, ha sido entregado a Pilatos, azotado, abofeteado, coronado de espinas, atravesado por una lanza, crucificado, muerto sobre el madero y sepultado. Y el honorable padre José, que depositó su cadáver en un sepulcro nuevo, atestigua haberlo visto vivo. Y estos tres hombres certifican haberlo encontrado con sus discípulos en el monte de los Olivos, y haber asistido al espectáculo de su subida al cielo".

Descenso de Cristo al Infierno (*Descensus Christi ad Inferos*)
Nuevas y sensacionales declaraciones de José de Arimatea

XVII *1.* Y José, levantándose, dijo a Anás y a Caifás: "Razón tenéis para admiraros, al saber que Jesús ha sido visto resucitado y ascendiendo al empíreo. Pero aun os sorprenderéis más de que no sólo haya resucitado, sino de que haya sacado del sepulcro a muchos otros muertos, a quienes gran número de personas han visto en Jerusalén".

2. "Y escuchadme ahora, porque todos sabemos que aquel bienaventurado Gran Sacerdote, que se llamó Simeón, recibió en sus manos, en el templo, a Jesús Niño. Y Simeón tuvo dos hijos, hermanos de padre y de madre, y todos hemos presenciado su fallecimiento y asistido a su entierro. Pues id a ver sus

tumbas, y las hallaréis abiertas, porque los hijos de Simeón se hallan en la villa de Arimatea, viviendo en oración. A veces se oyen sus gritos, mas no hablan a nadie, y permanecen silenciosos como muertos. Vayamos hacia ellos y tratémoslos con la mayor amabilidad. Y si con suave insistencia los interrogamos, quizá nos hablen del misterio de la resurrección de Jesús".
3. A cuyas palabras todos se regocijaron, y Anás, Caifás, Nicodemo, José y Gamaliel, yendo a los sepulcros, no encontraron a los muertos, pero, yendo a Arimatea, los encontraron arrodillados allí.
4. Y los abrazaron con sumo respeto y en el temor de Dios, y los condujeron a la sinagoga de Jerusalén.
5. Y, no bien las puertas se cerraron, tomaron el libro santo, lo pusieron en sus manos, y los conjuraron por el Dios *Adonai*, Señor de Israel, que ha hablado por la Ley y por los profetas, diciendo: "Si sabéis quién es el que os ha resucitado de entre los muertos, decidnos cómo habéis sido resucitados".
6. Al oír esta abjuración, Carino y Leucio sintieron estremecerse sus cuerpos, y, temblorosos y emocionados, gimieron desde el fondo de su corazón.
7. Y, mirando al cielo, hicieron con su dedo la señal de la cruz sobre su lengua.
8. Y enseguida hablaron, diciendo: "Dadnos resmas de papel, a fin de que escribamos lo que hemos visto y oído".
9. Y, habiéndoselas dado, se sentaron, y cada uno de ellos escribió lo que sigue.

Carino y Leucio comienzan su relato

XVIII *1*. Jesucristo, Señor Dios, vida y resurrección de muertos, permítenos enunciar los misterios por la muerte de tu cruz, puesto que hemos sido conjurados por ti.
2. Tú has ordenado no referir a nadie los secretos de tu majestad divina, tales como los has manifestado en los Infiernos.

3. Cuando estábamos con nuestros padres, colocados en el fondo de las tinieblas, un brillo real nos iluminó de súbito, y nos vimos envueltos por un resplandor dorado como el del sol.

4. Y al contemplar esto, Adán, el padre de todo el género humano, estalló de gozo, así como todos los patriarcas y todos los profetas, los cuales clamaron a una: "Esta luz es el autor mismo de la luz, que nos ha prometido transmitirnos una luz que no tendrá ni desmayos, ni término".

Isaías confirma uno de sus vaticinios

XIX *1.* Y el profeta Isaías exclamó: "Es la luz del Padre, el Hijo de Dios, como yo predije, estando en tierras de vivos: en la tierra de Zabulón y en la tierra de Nephtalim. Más allá del Jordán, el pueblo que estaba sentado en las tinieblas, vería una gran luz, y esta luz brillaría sobre los que estaban en la región de la muerte. Y ahora ha llegado, y ha brillado para nosotros, que en la muerte estábamos".

2. Y como sintiésemos inmenso júbilo ante la luz que nos había esclarecido, Simeón, nuestro padre, se aproximó a nosotros, y, lleno de alegría, dijo a todos: "Glorificad al Señor Jesucristo, que es el Hijo de Dios, porque yo lo tuve recién nacido en mis manos en el templo, e inspirado por el Espíritu Santo, lo glorifiqué y dije: 'Mis ojos han visto ahora la salud que has preparado en presencia de todos los pueblos, la luz para la revelación de las naciones, y la gloria de tu pueblo de Israel'".

3. Al oír tales cosas, toda la multitud de los santos se alborozó en gran manera.

4. Y enseguida sobrevino un hombre, que parecía un ermitaño. Y como todos le preguntasen quién era, respondió: "Soy Juan, el oráculo y el profeta del Altísimo, el que precedió a su advenimiento al mundo, a fin de preparar sus caminos, y de dar la ciencia de la salvación a su pueblo para la remisión de los pecados. Y, viéndolo llegar hacia mí, me sentí poseído por el Espíritu Santo, y le dije: 'He aquí el Cordero de Dios, que quita los pecados del mundo'.[42] Y lo bauticé en el río del Jordán, y vi al Espíritu Santo descender sobre él bajo la figura de una paloma. Y oí una voz de los cielos que decía: 'Éste es mi Hijo amado, en quien tengo todas mis complacencias;[43] y a quien debéis escuchar'. Y ahora, después de haber precedido su advenimiento, he descendido hasta vosotros para anunciaros que, dentro de poco, el mismo Hijo de Dios, levantándose de lo alto, vendrá a visitarnos a nosotros, que estamos sentados en las tinieblas y en las sombras de la muerte".

La profecía hecha por el arcángel Miguel a Seth

XX *1.* Y cuando el padre Adán, el primer formado, oyó lo que Juan dijo de haber sido Jesús bautizado en el Jordán, exclamó, hablando a su hijo Seth: "Cuenta a tus hijos, los patriarcas y los profetas, todo lo que oíste del arcángel Miguel, cuando, estando yo enfermo, te envié a las puertas del Paraíso para que el Señor permitiese que su ángel diera aceite del árbol de la misericordia, que ungiese mi cuerpo".

2. Entonces Seth, aproximándose a los patriarcas y a los profetas, expuso: "Me hallaba yo, Seth, en oración delante del Señor, a las puertas del Paraíso, y he aquí que Miguel, el numen de Dios, se me apareció, y me dijo: 'He sido enviado a ti por el Señor, y presido sobre el cuerpo humano. Y te declaro, Seth, que es inútil que pidas y ruegues con lágrimas el aceite del árbol de la misericordia para ungir a tu padre Adán, y para que cesen los sufrimientos de su cuerpo. Porque de ningún modo podrás recibir ese aceite hasta los días postrimeros, cuando se hayan cumplido cinco mil años. Entonces, el Hijo de Dios, lleno de amor, vendrá a la Tierra, y resucitará el cuerpo de Adán, y, al mismo tiempo, resucitará los cuerpos de los muertos para la vida eterna. Y a su venida, será bautizado en el Jordán, y, una vez que haya salido del agua, ungirá con el

aceite de su misericordia a todos los que crean en Él, y el aceite de su misericordia será para los que deban nacer del agua y del Espíritu Santo para la vida eterna. Entonces Jesucristo, el Hijo de Dios, lleno de amor, y descendido a la Tierra, introducirá a tu padre Adán en el Paraíso y lo pondrá junto al árbol de la misericordia'".
3. Y, al oír lo que decía Seth, todos los patriarcas y todos los profetas se hinchieron de dicha.

Discusión entre Satanás y la Furia en los Infiernos

XXI *1*. Y mientras todos los padres antiguos se regocijaban, he aquí que Satanás, príncipe y jefe de la muerte, dijo a la Furia: "Prepárate a recibir a Jesús, que se vanagloria de ser el Cristo y el Hijo de Dios, y que es un hombre temerosísimo de la muerte, puesto que yo mismo lo he oído decir: 'Mi alma está triste hasta la muerte'. Y entonces comprendí que tenía miedo de la cruz".
2. Y añadió: "Hermano, aprestémonos, tanto tú como yo, para el mal día. Fortifiquemos este lugar para poder retener aquí prisionero al llamado Jesús, que, al decir de Juan y de los profetas, debe venir a expulsarnos de aquí. Porque ese hombre me ha causado muchos males en la Tierra, oponiéndose a mí en muchas cosas, y despojándome de multitud de recursos. A los que yo había matado, él les devolvió la vida. Aquellos a quienes yo había desarticulado los miembros, él los enderezó por su sola palabra, y les ordenó que llevasen su lecho sobre los hombros. Hubo otros que yo había visto ciegos y privados de la luz, y por cuya cuenta me regocijaba, al verlos quebrarse la cabeza contra los muros y arrojarse al agua, y caer al tropezar en los atascaderos, y he aquí que este hombre, venido de no sé dónde, y haciendo todo lo contrario de lo que yo hacía, les devolvía la vista por sus palabras. Ordenó a un ciego de naci-

miento que lavase sus ojos con agua y con barro en la fuente de Siloé, y aquel ciego recobró la vista. Y no sabiendo a qué otro lugar retirarme, tomé conmigo a mis servidores, y me alejé de Jesús. Y habiendo encontrado a un joven, entré en él, y moré en su cuerpo. Ignoro cómo Jesús lo supo, pero es lo cierto que llegó adonde yo estaba y me intimó la orden de salir. Y, habiendo salido, y no sabiendo dónde entrar, le pedí permiso para meterme en unos puercos, lo que hice, y los estrangulé".

3. Y la Furia, respondiendo a Satanás, dijo: "¿Quién es ese príncipe tan poderoso y que, sin embargo, teme la muerte? Porque todos los poderosos de la Tierra quedan sujetos a mi poder desde el momento en que tú me los traes sometidos por el tuyo. Si, pues, tú eres tan poderoso, ¿quién es ese Jesús que, temiendo la muerte, se opone a ti? Si hasta tal punto es poderoso en su humanidad, en verdad te digo que es todopoderoso en su divinidad, y que nadie podrá resistir a su poder. Y cuando dijo que temía la muerte, quiso engañarte, y constituirá tu desgracia en los siglos eternos".

4. Pero Satanás, el príncipe de la muerte, respondió y dijo: "¿Por qué vacilas en aprisionar a ese Jesús, adversario de ti tanto como de mí? Porque yo lo he tentado y he excitado contra él a mi antiguo pueblo judío, excitando el odio y la cólera de éste. Y he aguzado la lanza de la persecución. Y he hecho preparar madera para crucificarlo, y clavos para atravesar sus manos y pies. Y le he dado a beber hiel mezclada con vinagre. Y su muerte está próxima, y te lo traeré sujeto a ti y a mí".

5. Y la Furia respondió, y dijo: "Me has informado que él es quien me ha arrancado los muertos. Muchos están aquí, que retengo, y, sin embargo, mientras vivían sobre la Tierra, muchos me han arrebatado muertos, no por su propio poder, sino por las plegarias que dirigieron a su Dios todopoderoso, que fue quien verdaderamente me los llevó. ¿Quién es pues ese Jesús, que por su palabra me ha arrancado muertos? ¿Es quizá el que ha vuelto a la vida, por su palabra imperiosa, a Lázaro,

fallecido hacía cuatro días, lleno de podredumbre y en disolución, y a quien yo retenía como difunto?".
6. Y Satanás, el príncipe de la muerte, respondió y dijo: "Ese mismo Jesús es".
7. Y, al oírlo, la Furia repuso: "Yo te conjuro, por tu poder y por el mío, que no lo traigas hacia mí. Porque, cuando me enteré de la fuerza de su palabra, temblé, me espanté y, al mismo tiempo, todos mis ministros impíos quedaron tan turbados como yo. No pudimos retener a Lázaro, el cual, con toda agilidad y con toda la velocidad del águila, salió de entre nosotros, y esta misma tierra que retenía su cuerpo privado de vida se la devolvió. Por donde ahora sé que ese hombre, que ha podido cumplir cosas tales, es el Dios fuerte en su imperio, y poderoso en la humanidad, y Salvador de ésta, y, si le traes hacia mí, libertará a todos los que aquí retengo en el rigor de la prisión, y encadenados por los lazos no rotos de sus pecados y, por virtud de su divinidad, los conducirá a la vida que debe durar tanto como la eternidad".

ENTRADA TRIUNFAL DE JESÚS EN LOS INFIERNOS[44]

XXII *1.* Y mientras Satanás y la Furia así hablaban, se oyó una voz como un trueno, que decía: "Abrid vuestras puertas, vosotros, príncipes. Abríos, puertas eternas, que el Rey de la Gloria quiere entrar".
2. Y la Furia, oyendo la voz, dijo a Satanás: "Anda, sal, pelea contra él". Y Satanás salió.
3. Entonces, la Furia dijo a sus demonios: "Cerrad las grandes puertas de bronce, cerrad los grandes cerrojos de hierro, cerrad con llave las grandes cerraduras, y poneos todos de centinela, porque, si este hombre entra, estamos todos perdidos".
4. Y, oyendo estas grandes voces, los santos antiguos exclamaron: "Devoradora e insaciable Furia, abre al Rey de la Gloria, al hijo de David, al profetizado por Moisés y por Isaías".

5. Y otra vez se oyó la voz de trueno que decía: "Abrid vuestras puertas eternas, que el Rey de la Gloria quiere entrar".
6. Y la Furia gritó, iracunda: "¿Quién es el Rey de la Gloria?". Y los ángeles de Dios contestaron: "El Señor poderoso y vencedor".
7. Y, en el acto, las grandes puertas de bronce volaron en mil pedazos, y los que la muerte había tenido encadenados se levantaron.
8. Y el Rey de la Gloria entró en figura de hombre, y todas las cuevas de la Furia quedaron iluminadas.
9. Y rompió los lazos que hasta entonces no habían sido quebrantados, y el socorro de una virtud invencible nos visitó, a nosotros, que estábamos sentados en las profundidades de las tinieblas de nuestras faltas y en la sombra de la muerte de nuestros pecados.

Espanto de las potestades infernales ante la presencia de Jesús

XXIII *1.* Al ver aquello, los dos príncipes de la muerte y del infierno, sus impíos oficiales y sus crueles ministros quedaron sobrecogidos de espanto en sus propios reinos, cual si no pudiesen resistir la deslumbradora claridad de tan viva luz, y la presencia del Cristo, establecido de súbito en sus moradas.
2. Y exclamaron con ira impotente: "Nos has vencido. ¿Quién eres tú, a quien el Señor envía para nuestra confusión? ¿Quién eres tú, tan pequeño y tan grande, tan humilde y tan elevado, soldado y general, combatiente admirable bajo la forma de un esclavo, Rey de la Gloria muerto en una cruz y vivo, puesto que desde tu sepulcro has descendido hasta nosotros? ¿Quién eres tú, en cuya muerte ha temblado toda criatura y han sido conmovidos todos los astros, y que ahora permaneces libre entre los muertos, y turbas a nuestras legiones? ¿Quién eres tú, que redimes a los cautivos y que inundas de luz brillante a los que están ciegos por las tinieblas de sus pecados?".

3. Y todas las legiones de los demonios, sobrecogidos por igual terror, gritaban en el mismo tono, con sumisión temerosa y con voz unánime, diciendo: "¿De dónde eres, Jesús, hombre tan potente, tan luminoso, de majestad tan alta, libre de tacha y puro de crimen? Porque este mundo terrestre que hasta el día nos ha estado siempre sometido, y que nos pagaba tributos por nuestros usos abominables, jamás nos ha enviado un muerto tal como tú, ni destinado semejantes presentes a los Infiernos. ¿Quién, pues, eres tú, que has franqueado sin temor las fronteras de nuestros dominios, y que no solamente no temes nuestros suplicios infernales, sino que pretendes librar a los que retenemos en nuestras cadenas? Quizá eres ese Jesús, de quien Satanás, nuestro príncipe, decía que, por su suplicio en la cruz, recibiría un poder sin límites sobre el mundo entero".
4. Entonces, el Rey de la Gloria, aplastando en su majestad a la muerte bajo sus pies, y tomando a nuestro primer padre, privó a la Furia de todo su poder y atrajo a Adán a la claridad de su luz.

Imprecaciones acusadoras de la Furia contra Satanás

XXIV *1.* Y la Furia, bramando, aullando y abrumando a Satanás con violentos reproches, le dijo: "Beelzebuh, príncipe de condenación, jefe de destrucción, irrisión de los ángeles de Dios, ¿qué has querido hacer? ¿Has querido crucificar al Rey de la Gloria, sobre cuya ruina y sobre cuya muerte nos habías prometido grandes despojos? ¿Ignoras cuán locamente has obrado? Porque he aquí que este Jesús disipa, por el resplandor de su divinidad, todas las tinieblas de la muerte. Ha atravesado las profundidades de las más sólidas prisiones, libertando a los cautivos y rompiendo los hierros de los encadenados. Y he aquí que todos los que gemían bajo nuestros tormentos nos insultan y nos acribillan con sus imprecaciones. Nuestros imperios y nuestros reinos han quedado vencidos, y no sólo no inspiramos ya terror a la raza humana, sino que, al contrario, nos amenazan y nos injurian aquellos que, muertos, jamás habían podido mostrar soberbia ante nosotros, ni jamás habían podido experimentar un momento de alegría durante su cautividad. Príncipe de todos los males y padre de los rebeldes e impíos, ¿qué has querido hacer? Los que desde el comienzo del mundo hasta el presente habían desesperado de su vida y de su salvación no dejan oír ya sus gemidos. No resuena ninguna de sus quejas clamorosas ni se advierte el menor vestigio de lágrimas sobre la faz de ninguno de ellos. Rey inmundo, poseedor de las llaves de los Infiernos, has perdido por la cruz las riquezas que habías adquirido por la prevaricación y por la pérdida del Paraíso. Toda su dicha se ha disipado y, al poner en la cruz a ese Cristo, Jesús, Rey de la Gloria, has obrado contra ti y contra mí. Sabe en adelante cuántos tormentos eternos y cuántos suplicios infinitos te están reservados bajo mi guarda, que no conoce término. Luzbel, monarca de todos los perversos, autor de la muerte y fuente de orgullo, antes que nada hubieras debido buscar un reproche justiciero que dirigir a Jesús. Y, si no encontrabas en él falta alguna, ¿por qué, sin razón, has osado crucificarlo injustamente, y traer a nuestra región al inocente y justo, tú, que has perdido a los malos, a los impíos y a los injustos del mundo entero?".

2. Y cuando la Furia acabó de hablar así a Satanás, el Rey de la Gloria dijo a la primera: "El príncipe Satanás quedará bajo tu potestad por los siglos de los siglos, en lugar de Adán y de sus hijos, que me son justos".

Jesús toma a Adán bajo su protección y los antiguos profetas cantan su triunfo

XXV *1.* Y el Señor extendió su mano, y dijo: "Venid a mí, todos mis santos, hechos a mi imagen y semejanza. Vosotros, que habéis sido condenados por el madero, por el Diablo y por la muerte, veréis a la muerte y al Diablo condenados por el madero".

2. Y enseguida, todos los santos se reunieron bajo la mano del Señor. Y el Señor, tomando la de Adán, le dijo: "Paz a ti y a todos tus hijos, mis justos".

3. Y Adán, vertiendo lágrimas, se prosternó a los pies del Señor, y dijo en voz alta: "Señor, te glorificaré, porque me has acogido y no has permitido que mis enemigos triunfasen sobre mí para siempre. Hacia Ti clamé y me has curado, Señor. Has sacado mi alma de los Infiernos y me has salvado, no dejándome con los que descienden al abismo. Cantad las alabanzas al Señor, todos los que sois santos, y confesad su santidad. Porque la cólera está en su indignación, y en su voluntad está la vida".

4. Y, asimismo, todos los santos de Dios se prosternaron a los pies del Señor, y dijeron con voz unánime: "Has llegado, al fin, Redentor del mundo, y has cumplido lo que habías predicho por la ley y por tus profetas. Has rescatado a los vivos por tu cruz, y, por la muerte en la cruz, has descendido hasta nosotros para arrancarnos del Infierno y de la muerte por tu majestad. Y así como has colocado el título de tu gloria en el Cielo, y has elevado el signo de la redención, tu cruz, sobre la Tierra, de igual modo, Señor, coloca en el Infierno el signo de la victoria de tu cruz, a fin de que la muerte no domine más".

5. Y el Señor, extendiendo su mano, hizo la señal de la cruz sobre Adán y sobre todos sus santos. Y, tomando la mano derecha de Adán, se levantó de los Infiernos, y todos los santos lo siguieron.

6. Entonces, el profeta David exclamó con enérgico tono: "Cantad al Señor un cántico nuevo, porque ha hecho cosas admirables. Su mano derecha y su brazo nos han salvado. El Señor ha hecho conocer su salud y ha revelado su justicia en presencia de todas las naciones".

7. Y toda la multitud de los santos respondió, diciendo: "Esta gloria es para todos los santos. Así sea. Alabad a Dios".

8. Y entonces, el profeta Habacuc exclamó, diciendo: "Has venido para la salvación de tu pueblo y para la liberación de tus elegidos".

9. Y todos los santos respondieron, diciendo: "Bendito el que viene en nombre del Señor y nos ilumina".

10. Igualmente, el profeta Miqueas exclamó, diciendo: "¿Qué Dios hay como tú, Señor, que desvaneces las iniquidades y que borras los pecados? Y ahora contienes el testimonio de tu cólera. Y te inclinas más a la misericordia. Has tenido piedad de nosotros y nos has absuelto de nuestros pecados, y has sumido todas nuestras iniquidades en el abismo de la muerte, según habías jurado a nuestros padres en los días antiguos".

11. Y todos los santos respondieron, diciendo: "Es nuestro Dios para siempre, por los siglos de los siglos, y durante todos ellos nos regirá. Así sea. Alabad a Dios".

12. Y los demás profetas recitaron también pasajes de sus viejos cánticos, consagrados a alabar a Dios. Y todos los santos hicieron lo mismo.

Llegada de los santos antiguos al Paraíso y su encuentro con Enoch y Elías

XXVI 1. Y el Señor, tomando a Adán por la mano, lo puso en las del arcángel Miguel, al cual siguieron, asimismo, todos los santos.

2. Y los introdujo a todos en la gracia gloriosa del Paraíso, y dos hombres, en gran manera ancianos, se presentaron ante ellos.

3. Y los santos los interrogaron, diciendo: "¿Quiénes sois vosotros, que no habéis estado en los Infiernos con nosotros, y que habéis sido traídos corporalmente al Paraíso?".

4. Y uno de ellos repuso: "Yo soy Enoch, que he sido transportado aquí por orden del Señor. Y el que está conmigo es Elías, el tesbita, que fue arrebatado por un carro de fuego. Hasta hoy no hemos gustado la muerte, pero estamos reservados para el advenimiento del

Anticristo, armados con enseñas divinas y pródigamente preparados para combatir contra él, para darle muerte en Jerusalén, y para, al cabo de tres días y medio, ser de nuevo elevados vivos en las nubes".

Llegada del buen ladrón al Paraíso

XXVII *1.* Y mientras Enoch y Elías así hablaban, he aquí que sobrevino un hombre muy miserable, que llevaba sobre sus espaldas el signo de la cruz.

2. Y, al verlo, todos los santos le preguntaron: "¿Quién eres? Tu aspecto es el de un ladrón. ¿De dónde vienes que llevas el signo de la cruz sobre tus espaldas?".

3. Y él, respondiéndoles, dijo: "Con verdad habláis, porque yo he sido un ladrón y he cometido crímenes en la Tierra. Y los judíos me crucificaron con Jesús, y vi las maravillas que se realizaron por la cruz de mi compañero, y creí que es el Creador de todas las criaturas, y el Rey todopoderoso, y le rogué, exclamando: 'Señor, acuérdate de mí cuando estés en tu Reino'. Y acto seguido, accediendo a mi súplica, contestó: 'En verdad te digo que hoy serás conmigo en el Paraíso'. Y me dio este signo de la cruz, advirtiéndome: 'Entra en el Paraíso llevando esto, y si su ángel guardián no quiere dejarte entrar, muéstrale el signo de la cruz, y dile: *Es Jesucristo, el Hijo de Dios, que está crucificado ahora, quien me ha enviado a ti*. Y repetí estas cosas al ángel guardián, que, al oírmelas, me abrió presto, me hizo entrar y me colocó a la derecha del Paraíso, diciendo: 'Espera un poco, que pronto Adán, el padre de todo el género humano, entrará con todos sus hijos, los santos y los justos del Cristo, el Señor crucificado'".

4. Y cuando hubieron escuchado estas palabras del ladrón, todos los patriarcas, con voz unánime, clamaron: "Bendito sea el Señor todopoderoso, padre de las misericordias y de los bienes eternos, que ha concedido tal gracia a los pecadores y que los ha introducido en la gloria del Paraíso, y en los campos fértiles en que reside la verdadera vida espiritual. Así sea".

Carino y Leucio concluyen su relato

XXVIII *1.* Tales son los misterios divinos y sagrados que oímos y vivimos, nosotros, Carino y Leucio.

2. Mas no nos está permitido proseguir y contar los demás misterios de Dios, como el arcángel Miguel los declaró altamente, diciéndonos: "Id con vuestros hermanos a Jerusalén y permaneced en oración, bendiciendo y glorificando la resurrección del Señor Jesucristo, vosotros a quienes Él ha resucitado de entre los muertos. No habléis con ningún nacido y permaneced como mudos hasta que llegue la hora en que el Señor os permita referir los misterios de su divinidad".

3. Y el arcángel Miguel nos ordenó ir más allá del Jordán, donde están varios que han resucitado con nosotros en testimonio de la resurrección del Cristo. Porque hace tres días solamente que se nos permite, a los que hemos resucitado de entre los muertos, celebrar en Jerusalén la Pascua del Señor con nuestros parientes, en testimonio de la resurrección del Cristo, y hemos sido bautizados en el santo río del Jordán, recibiendo todos ropas blancas.

4. Y después de los tres días de la celebración de la Pascua, todos los que habían resucitado con nosotros fueron arrebatados por nubes. Y, conducidos más allá del Jordán, no han sido vistos por nadie.

5. Estas son las cosas que el Señor nos ha ordenado referiros. Alabadlo, confesadlo y haced penitencia, a fin de que os trate con piedad. Paz a vosotros en el Señor Dios Jesucristo, Salvador de todos los hombres. Amén.

6. Y no bien hubieron terminado de escribir todas estas cosas sobre resmas separadas de papel, se levantaron. Y Carino puso lo que había escrito en manos de Anás, de Caifás y de Gamaliel. E igualmente, Leucio dio su manuscrito a José y a Nicodemo.

7. Y, de súbito, quedaron transfigurados, y aparecieron cubiertos de vestidos de una blancura deslumbradora, y no se les vio más.

8. Y se encontró ser sus escritos exactamente iguales en extensión y en dicción, sin que hubiese entre ellos una letra de diferencia.
9. Y toda la sinagoga quedó en extremo sorprendida al ver aquellos discursos admirables de Carino y de Leucio. Y los judíos se decían los unos a los otros: "Verdaderamente es Dios quien ha hecho todas estas cosas, y bendito sea el Señor Jesús por los siglos de los siglos. Amén".
10. Y salieron todos de la sinagoga con gran inquietud, temor y temblor, dándose golpes de pecho, y cada cual se retiró a su casa.
11. Y José y Nicodemo contaron todo lo ocurrido al gobernador, y Pilatos escribió cuanto los judíos habían dicho tocante a Jesús, y puso todas aquellas palabras en los registros públicos de su pretorio.

Pilatos en el templo

XXIX *1.* Después de esto, Pilatos, habiendo entrado en el templo de los judíos, congregó a todos los príncipes de los sacerdotes, a los escribas y a los doctores de la ley.
2. Y penetró con ellos en el santuario, y ordenó que se cerrasen todas las puertas, y les dijo: "He sabido que poseéis en este templo una gran colección de libros, y os mando que me los mostréis".
3. Y cuando cuatro de los ministros del templo hubieron aportado aquellos libros adornados con oro y con piedras preciosas, Pilatos dijo a todos: "Por el Dios vuestro Padre, que ha hecho y ordenado que este templo fuera construido, os conjuro a que no me ocultéis la verdad. Sabéis todos vosotros lo que en estos libros está escrito. Pues ahora manifestadme si encontráis en las escrituras que ese Jesús, a quien habéis crucificado, es el Hijo de Dios, que debía venir para la salvación del género humano, y explicadme cuántos años debían transcurrir hasta su venida".
4. Así, apretados por el gobernador, Anás y Caifás hicieron salir de allí a los demás, que estaban con ellos, y ellos mismos ce-

rraron todas las puertas del templo y del santuario, y dijeron a Pilatos: "Nos pides, invocando la edificación del templo, que te manifestemos la verdad y que te demos razón de los misterios. Ahora bien: luego de que hubimos crucificado a Jesús, ignorando que era el Hijo de Dios, y pensando que hacía milagros por arte de encantamiento, celebramos una gran asamblea en este mismo lugar. Y, consultando entre nosotros sobre las maravillas que había realizado Jesús, hemos encontrado muchos testigos de nuestra raza que nos han asegurado haberlo visto vivo después de la pasión y de su muerte. Hasta hemos hallado dos testigos de que Jesús había resucitado cuerpos de muertos. Y hemos tenido en nuestras manos el relato por escrito de los grandes prodigios cumplidos por Jesús entre esos difuntos. Y es nuestra costumbre que cada año, al abrir los libros sagrados ante nuestra sinagoga, busquemos el testimonio de Dios. Y en el primer libro de los Setenta, donde el arcángel Miguel habla al tercer hijo de Adán, encontramos mención de los cinco mil años que debían transcurrir hasta que descendiese del Cielo el Cristo, el Hijo bien amado de Dios, y consideramos que el Señor de Israel dijo a Moisés: 'Haz un arca de alianza de dos codos y medio de largo, de codo y medio de alto, y de codo y medio de ancho'. En estos cinco codos y medio hemos comprendido y adivinado el simbolismo de la fábrica del arca del Antiguo Testamento, simbolismo significativo de que, al cabo de cinco millares y medio de años, Jesucristo debía venir al mundo en el arca de su cuerpo, y de que, conforme al testimonio de nuestras Escrituras, es el Hijo de Dios y el Señor de Israel. Porque, después de su pasión, nosotros, príncipes de los sacerdotes, presa de asombro ante los milagros que se operaron a causa de él, hemos abierto estos libros y examinado todas las generaciones hasta la generación de José y de María, madre de Jesús. Y, pensando que era de la raza de David, hemos encontrado lo que ha cumplido el Señor. Y desde que creó el Cielo, la Tierra y el hombre, hasta el diluvio, transcurrieron dos mil doscientos doce años. Y desde el diluvio hasta Abraham, novecientos doce años. Y desde Abraham hasta Moisés, cuatrocientos treinta años. Y desde Moisés hasta David, quinientos diez años. Y desde David hasta la cautividad de Babilonia, quinientos años. Y desde la cautividad de Babilonia hasta la encarnación de Jesucristo, cuatrocientos años. Los cuales forman en conjunto cinco millares y medio de años. Y así resulta que Jesús, a quien hemos crucificado, es el verdadero Cristo, Hijo del Dios omnipotente.[45]

Poncio Pilatos, por regla de orden jerárquica, y, en el fondo, para exculparse –tácitamente– del prevaricato cometido con Jesús de Nazaret –al haber ordenado su crucifixión–, envió una carta –excusatoria– a Tiberio, cargando toda la culpa a los judíos.
A continuación su impronta:

> Poncio Pilatos a Claudio Tiberio César, salud.
>
> Por este escrito mío sabrás que sobre Jerusalén han recaído maravillas tales como jamás se vieran.
>
> Los judíos, por envidia a un profeta suyo, llamado Jesús, lo han condenado y castigado cruelísimamente, a pesar de ser un varón piadoso y sincero, a quien sus discípulos tenían por Dios.
>
> Lo había dado a luz una virgen, y las tradiciones judías habían vaticinado que sería rey de su pueblo.
>
> Devolvía la vista a los ciegos, limpiaba a los leprosos, hacía andar a los paralíticos, expulsaba a los demonios del interior de los posesos, resucitaba a los muertos, imperaba sobre los vientos y sobre las tempestades, caminaba por encima de las ondas del mar, y realizaba tantas y tales maravillas que, aunque el pueblo lo llamaba Hijo de Dios, los príncipes de los judíos, envidiosos de su poder, lo prendieron, me lo entregaron, y, para perderlo, mintieron ante mí, diciéndome que era un mago, que violaba el sábado y que obraba contra su ley.
>
> Y yo, mal informado y peor aconsejado, les creí, hice azotar a Jesús y lo dejé a su discreción.

Y ellos lo crucificaron, lo sepultaron y pusieron en su tumba, para custodiarlo, soldados que me pidieron.

Empero, al tercer día, resucitó, escapando a la muerte.

Y al conocer tamaño prodigio, los príncipes de los judíos dieron dinero a los guardias, advirtiéndoles: "Decid que sus discípulos vinieron al sepulcro y robaron su cuerpo".

Mas, no bien hubieron recibido el dinero, los guardias no pudieron ocultar mucho tiempo la verdad y me la revelaron.

Y yo te la transmito para que abiertamente la conozcas, y para que no ignores que los príncipes de los judíos han mentido.[46]

Pero ¿cuál fue el destino de Poncio Pilatos después de la muerte de Jesucristo?

La fuente evangélica paracanónica sostiene que, cuando el emperador Tiberio tomó conocimiento de la crasa injusticia que Pilatos había cometido con Cristo –al haberlo sometido al suplicio de la crucifixión y a la muerte sin motivo alguno–, el César envióle, con el mensajero Rachaab –acompañado por dos mil legionarios–, la *Epístola Tiberii ad Pilatum* y la sentencia que mandaba el retorno de Pilatos, preso, como reo a Roma, para hacerlo ajusticiar, la que no se ejecutó por el deceso de Tiberio y la asunción al trono de Calígula.[47]

En tanto, la fuente histórica afirma que Pilatos ordenó el genocidio injustificado de samaritanos amotinados en el monte Gerizim, debido a que un seudomesías les había asegurado que en aquel lugar se encontraban enterradas las vasijas sagradas del templo y, como el impostor no pudo revelar el escondrijo en donde supuestamente se hallaban, cundió la violencia desordenada de los samaritanos, que obligó a Pilatos a utilizar la fuerza legionaria, diezmando así el grueso de samaritanos que se habían levantado en el alcor de Gerizim; luctuosa escena, que motivó su regreso a Roma. El nuevo emperador, Calígula, lo desdeñó, por lo que Pilatos tuvo que retirarse a la provincia de Lausana, suicidándose en el año 40 después de Cristo.[48]

Notas del capítulo IX

1. Evangelio histórico –paracanónico–, formalmente impecable y sustantivamente fidedigno, por la visión real que muestra del injusto juzgamiento de Jesucristo, Hijo de Dios; y de los demás hechos signados *in supra.*
2. Flavio Teodosio, emperador romano de Occidente que gobernó del 379 al 395.
3. Valentiniano II gobernó del 375 al 392.
Los años de gobierno de ambos aparentemente no concuerdan, debido a que, con Graciano, se estableció un gobierno tripartito del Imperio Romano.
4. Es marcada la coincidencia –de fondo– con San Mateo, 21:9, así como con San Lucas, 19:38.
5. Es visible la convergencia con San Mateo, 27:19.
6. Es ostensible la identidad del diálogo entre Pilatos y Jesús con San Juan, 18:33-37.
7. Igualmente, con San Juan, 18:38.
8. Se advierte lo propio en San Mateo 27:24.
9. *Ibíd.,* 27:25.
10. Concuerda exactamente con San Marcos, 2:9, 11.
11. *Ibíd.*
12. *Ibíd.,* 2:47, 51-52.
13. *Ibíd.,* 3:40.
14. San Mateo, 9:20-22.
15. San Juan, 11:38-44.
16. San Mateo, 27:15, 16, 21; y San Juan, 18:39-40.
17. San Mateo, 27:22.
18. San Juan, 19:12.
19. San Mateo, 27:24.
20. *Ibíd.,* 27:25
21. *Ibíd.,* 27:26; y San Juan, 19:5: "Ecce Homo".
22. San Mateo, 27:26.
23. San Lucas, 23:32-33.
24. *Ibíd.,* 23:34.
25. *Ibíd.,* 23:35
26. *Ibíd.,* 23:36-37.
27. San Juan, 19:34.
28. San Lucas, 23:38.
29. *Ibíd.,* 23:39-43.

30. *Ibíd.*, 23:44-45.
31. San Mateo, 27:45-46; y San Marcos, 15:33-34.
    El doctor Serge Raynaud afirma que hubo un error en la traducción del hebreo al griego en el Evangelio de San Mateo 27:46, pues el texto original en hebreo indica: *"Li' Li' LMH-ShBHhTh-Ni"*, que, traducido correctamente, dice: "¡Cómo tú me glorificas!" –y no "¿por qué me has abandonado?"–. A continuación, el párrafo que fundamenta el error antedicho:
    "Mucho más consecuente aun es el error de la traducción del célebre vocablo *'Eli, Eli, lama sabachthani'*, que los Evangelios –Marcos 15:34, Mateo 27:46– señalan como las palabras que Jeshu pronunció sobre la cruz y que es traducido por 'Dios mío, Dios mío, ¿por qué me has abandonado?'. Mateo, en su texto original en hebreo, indica bien: *'Li' Li' LMH-ShBHhTh-Ni'*, que se trata de '¡Cómo tú me glorificas!'. Uno se pregunta cómo los textos griegos pueden indicar *'sabachthani'* como si significara 'abandonado', cuando al referirse a ese vocablo de los Evangelios uno lo encuentra ya mencionado antes en el Antiguo Testamento en los Salmos 22 (versículo 2) y escrito distinto como *'hazabatha-ni' –Li' Li' LHM-HhZBTh-Ni–* y el cual sí se lee 'abandonado'. Dr. Serge Raynaud de la Ferriere: *Propósitos psicológicos*. Volumen II. *op. cit.*, p. 194.
32. San Lucas, 23:46. He aquí la visión secuencial sinóptica del martirio y muerte de Cristo:
    Noche del Jueves Santo
    A las seis y media: comienza la cena.
    A las ocho: Judas sale del cenáculo.
    A las nueve: Jesús entra en el huerto de los Olivos.
    A las once: llega Judas y Jesús es arrestado.
    Mañana del Viernes Santo
    A medianoche: Jesús es introducido en la casa de Anás para ser interrogado.
    A las dos: Jesús comparece ante Caifás y permanece allí hasta las cuatro.
    De las cuatro al amanecer: Jesús es dejado en manos de soldados romanos que lo injurian y golpean.
    A las seis: Jesús vuelve a comparecer ante el Sanedrín.
    De seis y media a siete: Judas se ahorca.
    A las siete: Jesús comparece ante Pilatos.
    A las ocho: Jesús comparece ante Herodes.
    A las diez: Jesús vuelve a comparecer ante Pilatos.
    A las diez y media: Jesús es azotado.

A las once: Jesús es presentado al pueblo: *"Ecce Homo"*.
A las once y media: Jesús es condenado a muerte.
De las once y media a las doce: Jesús es conducido al Calvario.
Tarde del Viernes Santo
A mediodía: Jesús es clavado en la cruz.
De las doce y media a la una: Jesús promete el Cielo al buen ladrón.
A la una: Jesús habla a María y a San Juan.
Poco antes de las tres: Jesús habla a su Padre Celestial.
Después de las tres: Jesús dice: "Tengo sed".
Luego: dice: "Todo está consumado".
Finalmente: Jesús exclama: "En vuestras manos encomiendo mi espíritu". Y muere.
33. San Lucas, 23:47-48.
34. San Mateo, 27:45.
35. *Ibíd.*, 27:55-56.
36. *Ibíd.*, 27:57-58.
37. *Ibíd.*, 27:59-60.
38. *Ibíd.*, 28:7.
39. San Lucas, 2:28-32.
40. *Ibíd.*, 2:34.
41. *Ibíd.*, 24:51.
42. San Juan, 1:29.
43. San Mateo, 3:17.
44. ¿Quién no se ha preguntado, después de rezar el *Credo*, por qué se dice en esa oración que Jesucristo, después de muerto y sepultado, "descendió a los Infiernos"? He ahí la respuesta: en la *Entrada triunfal de Jesús en los Infiernos*.
45. Edmundo Gonzáles Blanco: *Los Evangelio Apócrifos*. El Evangelio de Nicodemo, *op. cit.*
46. *Ibíd.*, XXX, 1-11.
47. Aurelio De Santos Otero: *Los Evangelios Apócrifos*.
http://escrituras.tripod.com// textos disponibles.htm
48. http://www.amen-amen.net/biografi/pilato.htm
Todas las notas son nuestras.

Capítulo X

La supra-dúo-realidad de Jesucristo

Jesucristo fue un hombre inusitadamente extraordinario.

Sintetizaba –dialécticamente– en su propio ser dos naturalezas simultáneas: una preternatural y otra humana.

Fue así que nació fisio-biológica y somáticamente como hombre.

El Primer Libro Hebreo Sagrado de los Setenta menciona que Dios prometió que, transcurridos cinco mil años, descendería del Cielo el Cristo, el Hijo bien amado de Dios, "en el arca de su cuerpo".[1]

Pues bien, la sacropalabra se cumplió y, después de haber pasado cinco milenios, el ángel Gabriel, enviado por Dios a Nazaret, anunció a la Virgen María su divina concepción.

El ángel le dijo:

–Y he aquí que concebirás en tu seno, y parirás un hijo, y llamarás su nombre Jesús.[2]

Lo que se refleja en el anagrama –en griego–:

$$ΙΧΦΥΣ$$

I: Jesús: sustantivo derivado del hebreo Jehová que significa "el que ha sido, es y será, el ser por excelencia, Dios".[3]

San Pablo, lo dice:

–Es el nombre por sobre todo nombre.[4]

Analógicamente: lo que el Todopoderoso dijo a Moisés:

"Yo soy el que soy."[5]

La esencia de Dios-Creador y de todo lo creado.
Así:
>En el principio era el Verbo, y el Verbo era con Dios.[6]
>
>Todas las cosas por Él fueron hechas.[7]
>
>Y el Verbo de Dios se hizo carne, y habitó entre nosotros.[8]

Y nació el gran misterio:
¿Cristo es encarnación de Dios-Creador, el Verbo Divino?
¿Jesús de Nazaret es el Hijo de Dios, encarnación del Espíritu Santo en las entrañas de la Virgen María?
¿Jesucristo es Dios-Padre y –simultáneamente– Dios-Hijo?
Él lo dijo:
–Yo soy el que procede de quien –me– es idéntico.[9]
–El Padre y Yo somos uno solo.[10]
Y el apotegma se convirtió en litúrgica.

>Oración
>
>*Laudamus te. Benedicimus te.*
>*Adoramus te. Glorificamus te.*
>*Gratias agimus tibi propter magnam gloriam tuam.*
>*Domine Deus, Rex caelestis, Deus Pater omnipotens.*
>*Domine Fili unigenite. Jesu Christe.*
>*Domine Deus, Agnus Dei, Filius Patris.*
>*Qui tollis peccata mundi, miserere nobis.*
>*Qui tollis peccata mundi, suscipe deprecationem nostram.*
>*Qui sedes ad dexteram Patris, miserere nobis.*
>*Quoniam tu solus Sanctus.*
>
>*Tu solus Dominus.*
>*Tu solus Altissimus Jesu Christe.*
>*Cum Sancto Spiritu, in gloria*
>*Dei Patris. Amen.*[11]

X:[12] **C**risto: nombre santo y divino de Jesús de Nazaret. Nombre bendito que cuando se pronuncia y oye todo viviente se prosterna.

Cristo es el sustantivo que se deriva del griego *chrisma*, que significa "unción" –óleo–, derivado del verbo *chio*, que equivale a "ungir": Cristo, el ungido.[13]

Felipe, uno de los apóstoles más cercanos a Jesús, asevera en **su Evangelio** que:

> A Cristo se le llamó –así– por la unción, pues el Padre ungió al Hijo.
>
> El que ha recibido la unción está en posesión del Todo.[14]
>
> Felipe le dijo: "Señor, muéstranos el Padre y nos basta".
>
> Jesús le dijo: "¿Tanto tiempo ha[ce] que estoy con vosotros y no me has conocido, Felipe? El que me ha visto, ha visto al Padre: ¿cómo, pues, dices tú: 'Muéstranos al Padre'?"[15]

Es por esta razón que Felipe en **su propio Evangelio** asiente:

> Cristo encierra todo en Sí mismo –ya sea hombre, ya sea ángel, ya sea misterio–, incluso al Padre.[16]

Cristo comprende, pues, la realidad física y metafísica total. Tomás, otro de los apóstoles allegados a Jesús, en **su Evangelio** – copto– enuncia que Jesús dijo:

> "Yo soy la luz que está sobre todos ellos. Yo soy el universo: el universo ha surgido de Mí y ha llegado hasta Mí."[17]

⊠ ⊠: **H**ijo de **D**ios: título pluscuamperfecto y superlativo de Jesucristo.

Pluscuamperfecto porque en el momento de la *anunciación*, el arcángel Gabriel dijo a la Virgen María que lo llamarían **Hijo del Altísimo**.[18]

Superlativo porque es el título *non plus ultra*, privativo, de Él. Pues Josefo asegura que, cuando Jesús nació, habló estando en la cuna, y que dijo a su madre:

–Yo soy el Verbo, Hijo de Dios, que tú has parido, como te lo había anunciado el ángel Gabriel, y mi Padre me ha enviado para **salvar** al mundo.[19]

Para James Strong, es el "título que indica la divinidad de Cristo."[20]

Veinticinco años después, cuando Jesús estuvo por el Medio Oriente –en el Himalaya–, meditando –solitario– cerca de una montaña, fue divisado por el rey Shalewahin, el cual, inquietado por su enjalbegada estampa, fue a su encuentro, y le preguntó quién era. El **Unigénito** respondió:

–Soy conocido como el Hijo de Dios y nacido de una virgen. Soy el predicador de la religión de los meleacas y seguidor de principios verdaderos.

Cinco años después, cuando Jesús volvió al Cercano Oriente, y partió de Nazaret hacia el río Jordán, para ser bautizado por Juan Bautista, en el momento en que salía de entre las aguas de aquel torrente:

> Hubo una voz de los cielos que decía: "Tú eres mi Hijo amado; en Ti tomo contentamiento".[21]

Mas aquella no fue la única vez que Dios-Padre manifestó el divino lazo –paterno-filial– con Jesús; lo consolidó cuando Cristo se transfiguró en luz…, y Dios –oculto en la nube–, dijo:

> "Este es mi Hijo amado, en el cual tomo contentamiento: a Él oíd."[22]

Σ: **S**alvador: nombre escatológico[23] de Jesucristo. Salvador de las almas. El que no permite su condenación.

Ya el ángel del Señor se apareció en sueños a José, previniéndolo de la sacra-concepción en la Virgen María:

> "Y parirá un hijo, y llamarás su nombre Jesús, porque Él **salvará** a su pueblo de sus pecados."[24]

Es por eso que se le invoca como el Salvador del mundo, pues Dios tenía que disipar la violencia y la maldad –puesto que Él es amor–.[25]

Y así apostrofó, a través de sus profetas, a los pueblos palestinos:

> Aun "cuando multiplicareis la oración, Yo no oiré: llenas están de sangre vuestras manos."[26]

Mas como aquellos persistían en la iniquidad:

> Tanto amó Dios al mundo que entregó su Hijo Único para que todo el que crea en Él no se pierda, sino que tenga vida eterna.[27]

> "Porque Yo –dice el Salvador– no he venido a condenar al mundo, sino a salvarlo."[28]

Pero ¿cómo demostrar la naturaleza preternatural de Jesucristo? ¿Cómo probar que Cristo es Dios?

> "Ya se lo dije a ustedes, y no me creyeron. Las cosas que Yo hago con la autoridad de mi Padre lo demuestran claramente."[29]

> "Aunque no me crean a Mí, crean en las obras que hago, para que sepan de una vez por todas que el Padre está en Mí y que Yo estoy en el Padre."[30]

Asimismo, sus hechos sobrenaturales que revertía *ad nutum* demuestran su endogénita potencia; telésicamente, su desdoblamiento tanto físico como metafísico.

En estado consciente –en vigilia–, predominaba su naturaleza fisio-biológica; pero en estado subconsciente, o inconsciente, preponderaba su naturaleza ectoplásmica –bio-energética–.

Cristo tenía, pues, el atributo de bio-desdoblamiento-astral. Raynaud dilucida nuestro abstracto concepto:

> Cuando desencarnan ciertos Iniciados, logran aun hacer desaparecer enteramente su cuerpo físico.

> En realidad, se trata de un fenómeno conocido por los ocultistas, es decir, el camino de Liberación por la desintegración –Laya-Yoga–, que permite desmaterializar el cuerpo físico para hacer "volver en polvo lo que era polvo", y así librar más rá-

pidamente la materia plástica —el Alma, el aerosoma, llamado también cuerpo astral—, y, en fin, dar una expansión inmediata al espíritu —el Neumaticón del cual procedemos verdaderamente— para su reintegración directa en el Absoluto.[31]

Es por esta razón que el *discípulo amado*, en "Hechos de Juan 93", revela:

> Voy a contarles otra gloria, mis hermanos. Algunas veces, cuando quise tocarle, encontré un cuerpo material y sólido; pero en otras ocasiones, cuando le sentí, su sustancia era inmaterial e incorpórea... como si no existiera en absoluto.[32]

Pero el Evangelio de San Pedro es el que hace mucho más evidente el fenómeno **transdimensional** de reversión y desdoblamiento físico en metafísico y viceversa, en la descripción de la **resurrección** de Jesucristo:

> Empero, en la noche tras la cual se abría el domingo, mientras los soldados en facción montaban dos a dos la guardia, una gran voz se hizo oír en las alturas.
>
> Y vieron los cielos abiertos, y que dos hombres resplandecientes de luz se aproximaban al sepulcro.
>
> Y la enorme piedra que se había colocado a su puerta se movía por sí misma, poniéndose a un lado, y el sepulcro se abrió. Y los dos hombres penetraron en él.
>
> Y no bien hubieron visto esto, los soldados despertaron al centurión y a los ancianos, porque ellos también hacían la guardia.
>
> Y apenas los soldados refirieron lo que habían presenciado, de nuevo vieron salir de la tumba a tres hombres, y a dos de ellos sostener a uno, y a una cruz seguirlos.
>
> Y la cabeza de los sostenedores llegaba hasta el cielo, mas la cabeza de aquel que conducían pasaba más allá de todos los cielos.
>
> Visto lo cual, el centurión y sus compañeros de guardia se apresuraron a ir a visitar a Pilatos por la noche. Y contaron todo lo que habían presenciado.[33]

Y así, el dogma reflejó secularmente la Verdad Divina:

> Tu, Domine Jesu Chiste,
> qui vivis et regnas cum
> Deo Patre in úntate
> Spiritus Sancti Deus,
> per omnia saecula
> saeculorum. Amen.

Notas del capítulo X

1. El Evangelio de Nicodemo, *op. cit.*, XXIX, 4.
2. *La Santa Biblia, op. cit.*, San Lucas, 1:31.
3. Barcia: *Gran Diccionario de Sinónimos Castellanos*. Ediciones Joaquín Gil. Buenos Aires. 1960. p. 878.
4. *La Santa Biblia, op. cit.*, San Pablo, "Filipenses", 2:9.
5. *Ibíd.*, Éxodo, 3:14.
6. *Ibíd.*, San Juan, 1:1.
7. *Ibíd.*, 1:3.
8. *La Biblia Latinoamericana, op. cit.*, San Juan, 1:14.
9. Aurelio De Santos Otero: *Los Evangelios Apócrifos*. Evangelio según Tomás. (Texto copto de Nag Hammadi). Apotegma 61.
10. *Dios habla hoy. La Biblia, op. cit.*, San Juan, 10:30.
11. He aquí la traducción del latín al español:
"Te alabamos. Te bendecimos.
Te adoramos. Te glorificamos.
Te damos gracias por causa de tu excelsa gloria.
Señor Dios, Rey de los Cielos, Dios Padre todopoderoso.
Señor, Hijo Unigénito, Jesucristo.
Señor Dios. Cordero de Dios, Hijo del Padre.
Tú, que borras los pecados del mundo, ten misericordia de nosotros.
Tú, que borras los pecados del mundo, acoge nuestra súplica.
Tú, que estás sentado a la diestra del Padre, apiádate de nosotros.
Porque Tú sólo eres el Santo
Tú sólo eres el Señor.
Tú sólo el Altísimo, Jesucristo.
Junto con el Espíritu Santo, en la gloria de Dios Padre.
Así sea."
12. La cruz de San Andrés es casi idéntica a la "X" griega.
13. Barcia, *op. cit.*, pp. 878 y 879.
14. Biblioteca de Nag Hammadi (www.gnosis.org). Evangelio según Felipe, párr. 95.
15. *La Santa Biblia, op. cit.*, San Juan, 14:8-9.
16. Evangelio según Felipe, *op. cit.*, párr. 98.
17. Aurelio De Santos: *Evangelio según Tomás, op. cit.*, Apotegma 77.
18. *La Santa Biblia, op. cit.*, San Lucas, 1:32. El reentintado es nuestro.
19. El Evangelio árabe de la infancia, *op. cit.*, I, 1. El reentintado es nuestro.
20. James Strong: *Nueva concordancia StronG exhaustiva*. Editorial Caribe, Inc. Nashville, TN, Miami, FL, USA. 2002. p. 117 del Índice temático.

21. *La Santa Biblia, op. cit.,* San Marcos, 1:11.
22. *Ibíd.,* San Mateo, 17:5.
23. Escatología: enseñanza que se ocupa del destino final, según la *Nueva concordancia StronG exhaustiva, op. cit.,* p. 90 del Índice temático completo.
    Raynaud la define como "la ciencia que estudia a los muertos, es decir, el estudio después del fin de la existencia física". Dr. Serge Raynaud de la Ferriere: *Los grandes mensajes, op. cit.,* p. 275.
24. *La Santa Biblia, op. cit.,* San Mateo, 1:21. El reentintado es nuestro.
25. *Ibíd.,* San Juan, 15:9-10.
26. *Ibíd.,* Isaías, 1:15.
27. *La Biblia Latinoamericana, op. cit.,* San Juan, 3:16.
28. *Ibíd.,* 12:47.
29. *Dios habla hoy. La Biblia, op. cit.,* San Juan, 10:25.
30. *Ibíd.,* 10:38.
31. Dr. Serge Raynaud de la Ferriere: *Propósitos psicológicos.* Volumen II. *op. cit.,* p. 52.
32. Citado por Darrell L. Bock, *op. cit.,* p. 68.
33. Edmundo Gonzáles Blanco: *Los Evangelios Apócrifos.* El Evangelio de San Pedro. (Fragmento griego de Akhmin). x y xi.

Bibliografía

Barcia: *Gran Diccionario de Sinónimos Castellanos*. Ediciones Joaquín Gil. Buenos Aires. 1960.

Bock, Darrell L.: *Descubra los misterios del Código Da Vinci*. 2º Impresión. Caribe-Betania. Nashville, TN, USA. 2004.

De Cesarea, Eusebio: *Historia eclesiástica*. Tomo 1. Editorial CLIE.

De Santos Otero, Aurelio: *Los Evangelios Apócrifos*. El Evangelio según Tomás. (Texto copto de Nag Hammadi).

http://es.wikipedia.org/wiki/Evangelio_de_Tomás

Dios habla hoy. La Biblia con Deuterocanónicos. 2º edición. Sociedades Bíblicas Unidas. 1979.

El Nuevo Testamento de Nuestro Señor Jesucristo con Salmos y Proverbios. Los Gedeones Internacionales. Sociedades Bíblicas en América Latina. Pennsylvania. 1960.

Enciclopedia Autodidáctica Océano. Volumen 7. Grupo Editorial Océano. Bogotá, Colombia. 1991.

Evangelio según Felipe:

http://escrituras.tripod.com/textos/EvFelipe.htm

Faber-Kaiser, Andreas: *¿Sacerdotes o cosmonautas?* Plaza & Janés, S.A., Editores. Barcelona. 1977.

Fulcanelli: *El misterio de las catedrales*. Traducción de J. Ferrer Aleu. 9º edición. Plaza & Janés, S.A., Editores. Barcelona. 1979.

Fulcanelli: *Las moradas filosofales*. Traducción de Vicente Villacampa. 5º edición. Plaza & Janés, S.A., Editores. Barcelona. 1978.

Gonzáles Blanco, Edmundo: *Los Evangelios Apócrifos*:
El Evangelio armenio de la infancia.
El Evangelio árabe de la infancia.
El Evangelio de Nicodemo.
El Protoevangelio de Santiago.
El Evangelio de San Pedro (fragmento griego de Akhmin). 3 tomos. 1934. Reimpresión en 2 tomos de Hyspamérica. Edición argentina. 1985.

Guevara Espinoza, Antonio: *Historia Universal. Oriente, Grecia y Roma*. 12º edición. Editorial e Imprenta Enrique R. Lulli. Lima, Perú. No aparece año de publicación.

La Biblia. Editorial Codex, S.A. Montevideo, Uruguay. 1961.

La Biblia Latinoamericana. LVIII edición. Ediciones Paulinas. 1972.

La Santa Biblia. Depósito Central de la Sociedad Bíblica B. y E. Madrid. 1926.

Leví Hispano, Pseudo: *Evangelio de los hebreos*. EDIBESA. Madrid. 2003.

Linares Málaga, F.: *La luz de la Fe. Curso de Religión*. 5º edición. Editorial Colegio Militar Leoncio Prado. Callao, Perú. No aparece año de publicación.

Novum Testamentum graece. 23º edición. Sociedad Bíblica Americana. 1957. Escrito en griego (sin traducción).

Quevedo G., Oscar, S. J.: *El rostro oculto de la mente*. Traducción de Antonio M. Sancho, S. J. 7º edición española. Editorial Sal Terrae. Santander, España. 1971.

Rampa Lobsang: *Usted y la eternidad*. 21º edición. Ediciones Troquel. Buenos Aires. 1973.

Raynaud de la Ferriere, Serge: *Los grandes mensajes*. 7º edición. Editorial Nueva Era. Lima, Perú. 1987.

Raynaud de la Ferriere, Serge: *Propósitos psicológicos*. Volumen II. 3º edición. Editorial Nueva Era. Lima, Perú. 1979.

Raynaud de la Ferriere, Serge: *Propósitos psicológicos*. Volumen III. 2º edición. Ediciones GFU. Lima, Perú. 1976.

Ryden Vassula: *La verdadera vida en Dios. Encuentros con Jesús*. Volumen I. Traducción de José Luis L. San Román. Ediciones Boa Nova. Portugal. 1995.

Schure, Eduardo: *Iniciaciones secretas de Jesús*. Editorial Solar. Bogotá, Colombia. No aparece año de publicación.

Serra, Eudaldo, Pbro.: *Misal romano diario latino-castellano y devocionario*. Editorial Balmes. Barcelona. 1956.

Strong, James, LL. D., S. T. D.: *Nueva concordancia StronG exhaustiva. Concordancia exhaustiva de la Biblia*. Editorial Caribe, Inc. Nashville, TN, Miami, FL, USA. 2002.

Tardif, Emiliano; y Prado Flores, José H.: *Jesús está vivo*. Colección Iglesia Nº 26. Corporación Centro Carismático Minuto de Dios. Bogotá, Colombia. 1984.

Wallace, Lewis: *Ben-Hur. Una historia de los tiempos de Cristo*. 2º edición. Editorial Bruguera, S.A. Barcelona. 1967.

DOCUMENTALES EN DVD

"El juicio de Jesucristo". Great Natural Wonder©. 2006. BBC Worldwide Ltd.© Salvat Editores, S.A. 2006©. 2006 edición diario "El País". Editado por BBC Worldwide Ltd. Escrito y producido por Peter Crawford y otros ejecutivos. A Wildvision/National Geographic Channel Co-Production.

Índice

Prelusión	11
Introito	15
Capítulo I. Profecía sobre el Mesías	21
Capítulo II. Concepción de la Virgen María	27
Capítulo III. Nacimiento del Niño Jesús	35
Capítulo IV. Adoración de los Reyes Magos	41
Capítulo V. Las maravillas de Jesús Niño	47
Capítulo VI .Pubertad de Jesús	67
Capítulo VII. El gran enigma:revelación de la vida oculta de Jesús	73
Capítulo VIII. Vida pública de Jesucristo:su Divina Misión exotérica	89
Capítulo IX. Juzgamiento, tormento, muerte y resurrección de Cristo	
Título. El libro sagrado del gran Espíritu Invisible. Amén	103
Capítulo X. La supra-dúo-realidad de Jesucristo	145
Bibliografía	156

Editorial LibrosEnRed

LibrosEnRed es la Editorial Digital más completa en idioma español. Desde junio de 2000 trabajamos en la edición y venta de libros digitales e impresos bajo demanda.

Nuestra misión es facilitar a todos los autores la **edición** de sus obras y ofrecer a los lectores acceso rápido y económico a libros de todo tipo.

Editamos novelas, cuentos, poesías, tesis, investigaciones, manuales, monografías y toda variedad de contenidos. Brindamos la posibilidad de **comercializar** las obras desde Internet para millones de potenciales lectores. De este modo, intentamos fortalecer la difusión de los autores que escriben en español.

Nuestro sistema de atribución de regalías permite que los autores **obtengan una ganancia 300% o 400% mayor** a la que reciben en el circuito tradicional.

Ingrese a www.librosenred.com y conozca nuestro catálogo, compuesto por cientos de títulos clásicos y de autores contemporáneos.

www.ingramcontent.com/pod-product-compliance
Lightning Source LLC
Chambersburg PA
CBHW021844220426
43663CB00005B/401